イエスが渡す あなたへのバトン

関西労働者伝道委員会　編

関西労伝60年の歩み

はじめに——イエスは誰に目を向けたのか

関西労働者伝道委員会（以下、関西労伝）の六〇年の歩みが一冊の本にまとめられたことを感謝し、喜びを感じます。

関西労伝は二ヵ月に一度、浪花教会で委員会を開き、また、随時集い、専任者が活動を通して出会う人々の声に耳を傾けます。協力委員の多くは牧師ですが、信徒の参加も徐々に増え、約二〇名の者が顔を合わせて、現在の日本社会に在る教会の課題を見つめています。

五年前から関西労伝にとって常に意識せざるを得ない大きな出来事がありました。それは、二〇一一年四月に専任者が国家権力によって「一一一日間」も拘束されたことでした。この出来事は私たちにとって大きな衝撃となり、専任者の心身を案じました。

専任者の大谷隆夫さんは、二〇〇七年に釜ヶ崎（大阪市西成区）の野宿生活者、日雇い労働者二〇八八人分の住民票を一斉に大阪市が削除した行為に対して怒りを覚え、この決定が取り消されることを願って、否と「声」を挙げたのでした。権力は彼の「声」を恐れたのでしょう。大谷さんの口を封じるために標的としたのです。

関西労伝は権力という力が、遠い世界にあるのではなく、私たちの日常生活のすぐ近くに生々しく、時には荒々しくその意志を表すことを経験させられました。人間（国家権力）の支配は、人間の尊厳を傷つけ、無視し、一人の人間を社会から孤立させます。人は一人では決して生きていくことはできません。この自明の事柄を知ってはいるものの、釜ヶ崎の人々を隅に追いやる力に対して、教会の言葉は何を語ってきたのでしょうか。あるいは何を語ってこなかったのでしょうか。ここに「現場」の叫び声を鏡とするとき、教会の姿が浮き彫りになります。

関西労伝では、しばしば「現場」という言葉を使います。この「場」は、専任者にとっては釜ヶ崎の人々が小さくされ、無視されていくときの心身の痛みの叫び声です。また、教会やキリスト教福祉施設や学校等では、集う人々、利用者、生徒や職員のそれぞれの生活の場での躓きや苦悩の訴えです。ここに関西労伝が六〇年の時の中で課題としてきた「場」の教会が存在します。

イエスが誰に目を向け、何を問題としたのかは、この「場」の叫び声です。それを聴き、人々の苦悩や不自由にされていく軛からの解放と自由を与えたのでした。

関西労伝の現場は、この社会に立つ教会の現場（課題）でもあります。この「場」は、具体的な人間の問題に目を向け、耳で聴き、歩み出す時を与えます。関西労伝六〇年の記録とこれからの希望がここに記されています。専任者へのお支えと関西労働者伝道委員会の働きを記念してくだされば幸いです。

最後に、六〇年間かわらず委員会の会場を無償で提供し続けてくださった浪花教会のみなさんに感謝申し上げます。浪花教会の集会室で専任者が、「現場」の報告を語り続けてきたことは、同時に関西労伝の歴史がこの部屋に刻まれていることを思います。そして、何よりも感謝いたしますのは、二四年間の長きにわたり大谷隆夫さんを牧師として受け入れ、その生活を根底から支え続けてくださった摂津富田教会の微動だにしない姿勢です。この摂津富田教会の「判断」がなされなければ、専任者が具体的な活動を不安なく行うことは、できなかったでしょうし、関西労伝も六〇年をむかえることは難しかったのではないかと思います。摂津富田教会のこの「強い意志」を協力委員は共々に学ばされ、受け取り、関西労伝の存続そのものを確固としているのです。関西労伝を代表して、心よりの感謝の意を摂津富田教会のみなさんへここに表明させていただきます。

摂津富田教会のお働きを重ねて記念してくだされば幸いです。

二〇一七年三月五日

真下　潤

関西労伝共同代表

曽根教会牧師

目次

目　次

I　関西労働者伝道委員会の誕生とそれから

（一九五五～一九九二年）

第一章　人間の尊厳

小柳　伸顕

はじめに

関西労働者伝道委員会（以下、関西労伝）六〇年の歩みは、いつも直面する現実、人間の尊厳への具体的な応答がその第一歩でした。そのため、「関西労伝には神学がない」、「あれは伝道ではない」と陰口をたたかれてきました。でも、その姿勢は六〇年後の今も変わりません。

ここでは、教会、アジア、釜ヶ崎を手掛かりに、その前半にあたる三六年（一九五五〜九一年）の軌跡を整理してみました。

教会青年の声

一九五五年一月三一日

この日、日本キリスト教団浪花教会でひとつの研究会が発足しました。テーマは「キリスト者は労働組合に貢献できるか」。会の提案者は、当時、大阪教区青年部委員長・三井久（浪花教会牧師）でした。

ことの発端は青年部委員会での話題でした。委員会の席上、各教会の青年たちの会合で、職場の聖書研究は労働組合に喜ばれていないことや、教会青年が赤旗を振ることの是非などについて訴えるものがいるとの報告がありました。この青年たちの声に応答すべく開かれたのがこの研究会です。研究会には当時の社会党大阪支部事務局長、大阪市職員組合の執行委員、そして、日本キリスト教団職域伝道委員会のH・ジョーンズ宣教師がゲストとして招かれました。

この研究会こそ関西労伝の生みの親です。一年後、研究会はひとつの結論に到達します。青年労働者の課題に応える道は、労働者を理解する牧師養成以外に方法はない、でした。

この提案に従い、生まれたのが今日に続くインターン制です。一九五六年四月、同志社、関西学院、聖和の各大学にインターン募集を呼びかけます。同志社から平田哲、金井愛明が、関西学院からは大上弘、の三人が労働運動の組織、同盟、総評、海員組合で実習を始めます。翌年には、聖和から後藤（平田）眞貴子、八代（宇山）美智子、大黒（万代）昌子などがインターン、そして専任者になります。

関西労働者伝道後援会

　このインターンたちの活動を支えるために生まれたのが、兵庫、大阪、京都三教区の職域伝道委員会の委員長を中心に組織された関西労伝後援会です。はじめにインターンありきでした。後援会はその名の通り、インターンの活動を経済的に支える組織で、募金活動がその働きの中心でした。次に生まれたのがインターンや専任者の活動を支えるための関西労働者伝道委員会（一九五六年一月）です。同志社、関西学院の両神学部から竹中正夫、藤井孝夫がアドバイザーとして参加しました。

－1－　昭和33年5月20日発行　第五号

労働者傳道後援会報告

労働者伝道後援会
大阪市此花区四貫島徳平町２０８
労伝センター内

労働者伝道の前進　小川秀一

労伝と教會　大上弘

労働者伝道実習報告

「労働者伝道後援会報告」第５号
（1958 年 5 月 20 日）

　このように関西労伝は、教会青年の声に応答する中から生まれたもので、神学や伝道論から生まれたものではありません。

　その証拠に、職域伝道委員会は先に伝道論があり、各教区に委員会やセンターが組織され活動を始めますが、組織が無くなると活動も消えてしまいました。働き手を育てなかった結果です。関西労伝は人の育成を先行し、それを支えるための活動を組織しました。その意味で、関西労伝にとってインターン制はその生命線と言えます。インターン、後援会（募金）、活動を支える関西労伝の軌跡がそれを証明しています。

インターン制の中で育てられた人たちのその後については、本書の第二章で本人に語っていただくことにします。

三津屋伝道所と労伝牧師

さて、インターンを終えた金井愛明、平田哲の二人は、一九五八年四月、大阪・三津屋伝道所の労伝牧師として赴任します。伝道所と言っても既成の教会ではなく、文字通り地域に開かれた労働者中心の教会でした。三津屋は、まさに中小零細企業の密集地であり、そこで働く労働者の生活する町でした。

三津屋伝道所（後の神崎川教会）の歩みについては、平田哲編著『あすひらく家の教会—労働者住宅街での三〇年』（キリスト新聞社、一九八八）に詳述されています。ただ忘れてならないのは、三津屋伝道所が関西労伝、なかでもインターンの育成に果たした役割です。それは、この『三〇年史』に寄せられたインターンたちの手記からも明らかです。

インターンは労働の現場や組合運動の場で労働者と出会っていますが、三屋伝道所に集まる労働者との出会いは、一味ちがいます。生活の臭いがありました。

伝道所の運営は関西労伝が直接かかわることなく、二人の労伝牧師に一任されていました。今考えると関西労伝も積極的に関わるべきだったと思われます。残念なことに、関西労伝は労伝の教会として位置づけず、インターンやインターン経験者を、その後、労伝牧師として送り続けることができませんでした。平田が専任を辞すると、両者の関係は希薄になり、それは今日に至っています。

三津屋伝道所と近藤善彦

三津屋伝道所がインターンに与えた影響は決して小さくありません。犬養光博（一九六二年度）、近藤善彦（一九六四年度）、荒川純太郎（一九六五年度）、大津健一（同）の働きが証明します。犬養、荒川、大津は本誌に一文を寄せているので、ここでは近藤について紹介します。

近藤は、大阪生野教会牧師時代に釜ヶ崎の越冬夜まわり活動や、釜ヶ崎地域問題研究会（以下、地域研）に参加します。特に地域研では夜間学校の識字運動に積極的に参加しました。釜ヶ崎の識字学級は、当時盛んだった部落解放運動の識字学級や、横浜寿町（日雇労働者の町）で野本三吉や大澤敏郎等によって進められていた識字運動に倣って始めた運動でした。

釜ヶ崎の識字学級は、その後、諸般の事情から閉じなければなりませんでした。労働者が酒を飲んできてケンカになる。他府県に長期出張で出席不可。病気になり、長期入院するなど、さまざまな事情が重なり、残念ながら中止せざるを得ませんでした。

しかし、近藤は釜ヶ崎での識字学級の経験を生かし、地元生野で聖和社会館と協力し、「オモニハッキョ（母親学校）」を立ちあげます。生野の在日韓国・朝鮮人の女性たちに日本語の読み書きを習う場を提供し、その責任者（校長）として働いたことは記録にとどめたいものです。また、近藤は、部落解放キリスト者協議会書記としても活躍しました。これらの活動は、インターン時代にその基礎が養われたと言っても決して過言ではありません。残念なことに近藤は病気のため、若くして逝ってしまいました。

浪花教会と関西労伝

教会と関西労伝について語るとき、忘れてならないのが浪花教会の存在です。三井久をはじめ歴代の牧師、三好博、村山盛芳、山口恒と教会員の理解と協力があってはじめて六〇年の歩みが可能でした。大阪のオフィス街の一等地にある浪花教会は、その四階の一室を労伝事務所に六〇年間無償で提供してくださいました。関西労伝の誕生とその歴史は、浪花教会の存在なしには不可能だったと言っても過言ではありません。

また、浪花教会は事務所だけでなく、関西労伝の諸集会のために会場を提供してくれました。教会員の有志は、諸集会の様子をビデオや写真に記録したり、教会内でミニバザーを開き、募金活動等にも協力してくださっています。物心両面で関西労伝を支え続けてきた牧師と教会員のいるのが浪花教会です。

河内松原教会の存在

浪花教会と共に関西労伝と深い縁にあるのが河内松原教会です。河内松原教会は、当時、松原市にあった浪花教会牧師館が一つの契機で生まれました。歴代牧師のうち四人が関西労伝と深い関係にあります。三好博、村山盛忠、寺田利、柴田作治郎です。

寺田の在任期間は、短かかったのですが、その間、関西労伝の協力牧師として働きました。寺田の働きはむしろ東京の豊沢教会に赴任してからです。東京でも協力牧師として伊藤義清の後を継ぎ、『働く人』（日本キリスト教団職域伝道委員会、後に社会・伝道委員会機関紙）の編集実務を担当します。また単なる編集者ではなく、キリスト教関係の職場で起きた労働争議では労働者を支援しました。

寺田は、八〇歳を前にその記録『まがりくねった一筋の道』（二〇一一・九）をお連れ合いの寺田紀代子さんの協力のもと、私家本として出版します。その序文に次の一節があります。ここに寺田の生き方が凝縮されていますが、それは関西労伝が求めてきたものとも軌を一にします。

私が自分の人生を振り返るにあたり大切にしたいひとつの視点は、弱者は誰なのか、強者は誰なのか。そして私はどこに立ち、聴き、話し、行動してきたのか、ということです。

寺田はそれを実証するものとして、障がい者の労働運動にかかわった記録を巻末に載せています。題して「善意という名の疎外、心身障害者の搾取撤回に」（『働く人』第六〇号、一九七一）。寺田はこの争議の要点を紹介したあと、争議の中心にいた労働者（組合分会長）のことばで記事を締め括っています。こんな内容です。

心身に障害を持つ人に対する不当な偏見、搾取があったので、劣悪な労働条件の改善、労働基準法の遵守、不当な私生活への関与の排除を要求し、一九七一年に労働組合を結成、総評全国一般労組に加盟しました（ちなみに会社はキリスト教系で、全従業員四六名中、半数がキリスト教信徒）。すると、会社による組合弾圧が始まった。社長一族だけでなく、社長の属する教会も加わって組合潰し、強引な退社や組合脱退の強要、戸別訪問による脱退勧告、信徒従業員に対しては牧師自身が組合脱退を勧めるなど、労働基準法無視の弾圧が加えられたとき、分会長は「教会が、なぜ会社と歩調を合わせるのか理解できない。教会は弱者の側に立つべきではないのか」、と疑問を呈し、怒りを露にしたという。

寺田は自分自身の課題として、牧師が教会の謝儀で生活を支えることに疑問を感じ、豊沢教会を辞し、小さな花屋を営み、一労働者として自活しながら、日曜日には自宅を開放し、ニューフレンド教会を始めます。

寺田の生き方は単に関西労伝の協力牧師に終始するのではなく、一歩踏み出したもので、課題を提供してくれました。

河内松原教会から小樽望洋台教会へ

河内松原教会時代に関西労伝の会計を担当していたのが柴田作治郎です。毎月の会計報告の緻密さにはただ感謝でした。柴田は北海道出身です。函館千歳教会では、長いこと関西労伝後援会代表だった益谷寿（大阪キリスト教社会館）が同郷でした。柴田は大学卒業後、函館市役所で働きますが、牧師を志し、同志社大学神学部に編入。在学中、インターンになり（一九六五年度）、三好博と出会い、実習地として堺の石油コンビナートを選びます。しかし、担当の専任者・金井愛明は海外研修中だったので、柴田の相談相手は三好でした。この出会いが後に河内松原教会への赴任にも継がります。柴田のインターン時代の活動記録は『働く人間像を求めて―関西労伝の二〇年』（新教出版社、一九七八）に収められています。

やがて柴田は、北海道の小樽公園通教会へ赴任します。柴田のことばと行動はなかなか小樽公園通教会では受けとめてもらえず、教会を辞し、活動の拠点としての小樽望洋台教会を設立します。この設立に、まさに家さがしから手続きまでを手伝ったのが三好でした。教会を設立したとは言え、資金援助もありません。会員も数えるほどです。そのうちの二人は、柴田が教会を設立すると聞き、一家あげて北海道へ移住し、教会の会員になりました。その二人とは河内松原教会のかつての会員でした。また陰で支えたのが三好でした。

柴田は日曜日に教会に人を集める「伝道」に重点を置きませんでした。むしろ自ら「教会の外」に出かけ、そこで生きる人々と出会い、その課題を共に荷負う道を選びました。それだけではありません。その活動記録を「コラム」として週報に報告しています。また週報に記録しただけでなく、まとめて単行本として出版。その数は計四巻、各巻一〇〇〇部発行。さらにそれを自力でほとんど完売しました。本だけでなく、柴田はお連れ合いのみどりさんが教会運営のためにデザインしたクリスマスやイースターのカードも販売していました。

第五巻目を目指していましたが、それは実現しませんでした。柴田もまた故人です。単行本の題名は『迷い出た羊』で、各巻に副題がついています。第一巻は「車座の社会から楕円の世界へ」。その巻には、一九八七～九一年のコラムが収められています。その表紙の帯に三好は次のように書いています。

「超ミニコミとも言うべき小さな教会の週報に短い文章を書きつづったのが一冊の小冊子となった。著者自身がびっくりしている。毎週毎週このような断章を週報に書きつづけるようなことは、案外、数すくないのではないか。柴田牧師は素朴な人柄。小さな教会の現場で生活しながら、大きな心の窓を開いて、時には窓の外にとび出して行く。奥深い思いのうちに、社会正義をつらぬこうとする情熱あふれたやせ型の頑固牧師である」。言うまでもなく本の装丁は柴田みどりさんです。

『迷い出た羊Ⅳ―楕円の延長―』（二〇〇七・九）に興味深い座談会が載っています。題して「関西労伝から四〇年～それぞれの場で課せられた〈任〉を生きる」。座談会の企画、実施は関東ゼミナールの一人、小田原紀雄です。二〇〇七年八月六日、日本キリスト教団洛陽教会（京都）で持たれた会の記録です。司会は小田原、出席者は柴田作治郎、府上征三、小柳伸顕です。

府上（当時、洛陽教会牧師）は、一九六二年のインターンで、全織同盟で実習、夏休みは九州延岡の旭化成で一労働者として働いた経験の持ち主です。府上と同期のインターンが犬養光博です。府上は、いわゆる大きな教会の牧師としてその任にあたってきましたが、同時に地域の運動にも深く関わってきました。近年は、在日韓国・朝鮮人が生活する京都・東九条のＮＰＯ法人「東九条まちづくりサポートセンター」の理事の一人として活動しています。

座談会を司会した小田原が関西労伝のインター制について、山谷（東京）におけるキリスト者の活動に触れ、こう語っているのが印象的です。「東京はもうそういう意味で継承性がまるっきり薄いですから……。山谷の後継者もいませんから。今のようなお話を聞くと、関西労伝の影というものは今も連綿とその意思は引き継がれているのだなあと感じます」。

インターンその後

関西労伝インターン経験者がすべて、教会の現場でユニークな道を歩んだとは言えませんが、その経験が生かされていることは否定できません。西陣労働センター（現・京都市民福祉センター）の基礎は、インターン志茂望信（一九六〇年度）によって作られ、その後、竹中正夫、深田未来生によって支えられ、阪田吾郎（一九六一年度）、真下紘行（一九六二年度）、笹田一成（一九六三年度）等がインターンとして実習しました。金井愛明も西陣労働センター以前にインターンとして西陣の労働者と関わっています。西陣労働センター活動も教会の一つのあり方として位置づけられないでしょうか。いまも地域の福祉を担う重要な拠点としてその役割を果たしています。

これまで関西労伝と教会の関係を、限られたインターンとその後をキーワードに整理してきました。そこで気づいたのは、インターン自身がその後について発信している場合は、関西労伝との関係は続いています。しかし、それぞれの地域で地道に活動してきた人たちとは十分に連帯できていないことに気づかされます。たとえばその一人に森安弘之（一九六〇年度）がいます。森安には、今回、インターンとその後の活動について一文（八一頁参照）を寄せていただきました。

キリスト教勤労者協議会

教会と関西労伝の関係を考えていくときに忘れてならないのは、関西労伝の活動に参加した信徒の存在です。その一人に東十三教会（大阪）の田中豊がいます。田中は三菱電機の旋盤工でした。教会の働きに積極的に参加する一方、労働組合運動にも熱心で、関西労伝の働きにも関心を寄せ、『労伝ニュース』にも何度か寄稿しています。また、東十三教会は、平田たちが始めた労働福音学校に田中を通して非常に協力的でした。

田中は一九六一年に結成されたキリスト教勤労者協議会（キ労協）の中心人物でもありました。定年後はボランティアとして釜ヶ崎の「喜望の家」（ルーテル教会）の活動に参加する一方、文学を愛し、機関紙『喜望』に何篇かの短編小説や紀行文を寄せています。

田中と共にキ労協の活動に尽力したのが桑原稔（浪花教会）です。桑原はいわゆるホワイトカラーの労働者でしたが、労働者の権利には強い関心を寄せていました。また、後日、日本キリスト教団部落解放センターの基盤を作った今井数一もキ労連の初期からのメンバーでした。今井は、タクシーメーター製作工場で働く労働者でした。今井は、労働者の権利や部落解放を教会で訴えますが、教会はなかなかその思いを理解しませんでした。そのため幾つか教会を代っています。今井は工場労働者時代は労働運動にも積極的でした。そこで身に着けた運動を組織的に展開する力を部落解放センター活動の中でも生かしました。今井もまた故人です。

教会は誰の味方か

一九七〇年代、教会関係者が関わった労働争議が幾つかあります。その二～三を紹介します。

その一つが汽缶部品（株）争議です。河内松原教会員・磯崎徳雄は同社労働組合書記長でした。会社で不当配転が起きます。対象は組合委員長・後藤亀雄。かれは西大和教会員でした。磯崎や高見敏雄（一九五七年度インターン、西大和教会牧師）は「後藤、磯崎両君を守る会」を結成し、支援活動を続けました。高見は卒業後、奈良で教会と共に障がい児の保育園を開設し、地域で人権擁護や憲法を守る運動も続けました。また、J・デビス（アメリカ鉄鋼労組委員長）の日本での調査活動にも協力しています。

その二は、キ労協副委員長、堺のゼネラル石油精製労組・小野木祥之（バプテスト教会員）の不当解雇撤回闘争です。支援の中心は関西労伝協力牧師仲本幸哉（当時、高石教会）が担いました。闘いの結果、会社側は解雇は撤回したものの、小野木を関東の工場へ配転しました。

その三は、一九七一年の京都南市民センターの労働争議です。詳細は『働く人』（一九七一年八月号）に譲りますが、争議はスイス東亜ミッションが経営する学童保育所で起きました。スイス東亜ミッションは合理化のためにそこで働く職員の賃金切り下げと、他職への転職を求めてきました。二人の職員は、所属する京都地域労働組合と共にその不当性を訴えると、スイス東亜ミッションは解雇で対応してきました。学童保育所の所長は職域伝道に関わってきた牧師で、解雇された職員の一人はその牧師が牧する教会のメンバーでした。解雇問題は京都地方労働委員会で争われましたが、解雇した牧師の弁護士もまた同志社神学部出身の弁護士でした。一方、不当解雇を労働組合と共に支援したのは、関西労伝のインターン経験者や、同志社神学部卒業後、滋賀総評の専従者（書記）として働いていた者たちです。わたし自身もその支援者の一人になりました。その結果、関西労伝は同志社神学部から敬遠されました。理由は、スイス東亜ミッションの関係者の一人が、同志社神学部のスタッフだったからです。

その四は、インターン経験者自身が労働組合を結成し、闘った事例です。大津健一は「筑豊のこどもを守る会」のメンバーとして活動する一方、インターン（一九六五年度）も経験しています。卒業後、大津は筑豊で東洋発条（従業員四八人）に就職します。大津は会社の低賃金政策に抗して組合を結成し、委員長に就任します。すると、会社は解雇で対応してきました。この大津の解雇事件をめぐっては、竹中正夫が『労伝ニュース』（三〇号、一九七〇）に詳しく紹介しています。

「関西労伝の歩み」

極めて限られた事例ですが、ここから見えてくることは、「キリスト者だから」、「牧師だから」と言って、労働者の人権尊重の側に立つとは限らないということです。この分岐点は何か、とあらためて考えさせられます。

アジアから

平田哲、そして竹中正夫

教会に対して関西労伝を提起したのは、三井久、小川秀一（四貫島教会牧師）ですが、アジアもまた重要な課題だ、とその取り組みを促したのは平田哲、竹中正夫です。呉在植《オジェシク》（アジアキリスト教協議会都市農村宣教担当幹事）や蔵田雅彦（NCCキリスト教アジア資料センター主事）はその取り組みの背中を押してくれました。

さらにドイツやアメリカ、カナダからの宣教師の協力も大きな支えでした。とりわけH・ジョーンズ（アメリカ）とロン・藤好（アメリカ）の働きかけは大きな影響を与えました。H・ジョーンズは関西労伝誕生に貢献しただけではなく、村山盛忠（一九五七年度インターン）がエジプト・コプト福音教会産業伝道協力牧師として働く道も切り開きました（一九六四～一九六八）。ロン・藤好は韓国や東南アジアの民主化運動、労働運動に関西労伝関係者を出会わせてくれました。他に名前をあげると、日本キリスト教団部落解放センター協力宣教師L・グリア、R・スティーバー、J・ウォーカー、R・マイヤー、J・ピーターセン（アメリカ）、在日韓国基督教会館（KCC）のJ・マッキントッシュ（カナダ）がいます。

最初にアジアと関西労伝の橋渡しをしたのは、ドイツEMS宣教師T・エッケルですが、平田はエッケルと共にインドで行われていた産業伝道のチームに参加しています。それ以前にも東南アジア神学校協議会夏期セミナーに参加し、アジアのキリスト教と出会っています（一九六二〜六三）。

ロン・藤好と東南アジアの労働者

関西労伝がアジアと正面から向き合ったのは一九七〇年代に入ってからです。その動機づけはロン・藤好に負うところ大です。その証左として、村山盛忠は「アジア・アフリカにとりくむ」（『労伝ニュース』三五号、一九七五）で次のように指摘しています。

R・藤好さんの随時行われた報告は、東南アジア底辺労働者の問題が、日本企業進出とその関連で、より具体的に我々の課題として迫ってくるものでした。

昨年（一九七四年）六月、タイのスラムで活動しているチャムニェンさんを迎え、広く大阪総評や全繊同盟の方々との話し合いの場を設けました。ちょうどバンコクの日本企業で働く繊維労働者がストライキを起こした時でもあり、同氏からその実情報告が行われましたが、関西労伝としてもこれら東南アジアで闘っている底辺労働者との連帯を、どのように受けとめ、具体化していかねばならぬかというその契機が与えられたと思います。

この提案は単なる思いつきではなく、ロン・藤好を通して釜ケ崎の日雇労働者と、アジアの各地に進出する日本企業で働くアジア人労働者の課題の共通点に気づかされた時でもあります。ロン・藤好は、ハワイ生まれの日系三世でした。大学で数学と神学を修める一方、S・アリンスキーのもとでCO（市民運動の組織論）を学び、その実践の場として東南アジア（マレーシア、タイ、シンガポール等）で住民運動、労働運動に参加したあと、一九七三年に来日し、活動拠点を関西におきました。

ロン・藤好が最初に計画したのは東南アジアスタディツアーでした。一九七五年春、関西キリスト教都市産業問題協議会（KUIM）と神戸学生青年センター（館長・小池基信）の協力のもとに実施しました。わたしも参加した一人で、はじめての東南アジアへの旅でした。恥ずかしながら当時のわたしは、シンガポールが国名か、都市名かの区別さえつかないほどアジアに対しては無知でした。それも当然です。当時、東南アジアについての一般情報は皆無に近いものでした。情報と言えば、アジア経済研究所が出していた進出企業向けの資料ぐらいで、極めて専門的でした。

ロン・藤好が、このスタディツアーでわたしたちを案内したのは、かつて彼が働いた国々の労働運動や住民運動、農民運動の現場でした。

わたしたち参加者は、東南アジア各地で民主化運動、労働運動への厳しい弾圧を目のあたりに経験するとともに、アジア太平洋戦争の傷の深さを突き付けられました。マレーシアの農村では年輩の農民が、突然、旧日本軍の鉄甲を被り、直立不動で軍歌「見よ、東海の空あけて……」を歌い出しました。かれは日本軍のもとで、「ロームシャ」として働かされたのです。また、三〇年ぶりに日本語を聞いたという農民にも出会いました。

この東南アジアへのスタディツアーが一つの契機となって、関西労伝の中にもロン・藤好支援委員会ができます（一九七五）。この支援委員会を通して、関西労伝はさらに東南アジアのみならず韓国労働運動、民主化運動とも関係を深めていきます。

関西キリスト教都市産業問題協議会

これらの活動を具体的に展開したのが、関西キリスト教都市産業協力会、のちの関西キリスト教都市産業問題協議会（ＫＵＩＭ）です。

ＫＵＩＭは、一九七三年、関西で実施された第九回日本キリスト教協議会都市伝道会議の準備の中から生まれました。代表に平田哲、事務局長は荒川純太郎、事務所を事務局との関係で東梅田教会（妹尾活夫牧師）に置きました。

平田はＫＵＩＭの結成についてこう記しています。「関西では各教派のグループが各々の領域において協力し合い、その特殊性を生かし、かなり専門的にキリストの証として働きを行ってきている。そこでなんらかの都市に対するキリスト教の運動、プロジェクトのある団体に呼びかけ、関西キリスト教都市産業協力会（Kansai Christian Industrial Movement：ＫＵＩＭ）が正式に発足。

結成準備会が一九七二年一月一九日、大阪クリスチャン・センターで開かれ、参加団体は、関西労伝、ＫＣＣ（在日韓国キリスト教会館）、都市問題研究所、エキュメニカル団地問題研究会、基督教ミード社会館、釜ヶ崎いこいの家、京都キリスト教産業協議会、西陣市民センター、大阪キリスト教社会館、ＹＭＣＡ、ＹＷＣＡ、関西セミナーハウスなど。さらに交通労働福祉センター、六甲学生センター（後の神戸学生青年センター）、同志社大学神学部、関西学院大学神学部、聖和女子短期大学へも呼びかけ、この運動を拡大させることになった。（中略）」

「この協力会は、その働きを更に強化するためにお互いの経験を交流し、連絡、協力関係を密にし、情報の交換と共通課題の研究成果を紹介しあい、各プロジェクトの推進を図ることをめざしている。……キリストにある共有財産を共に分ち、さらに豊かに実ることを願ってやまない」と、平田はＫＵＩＭ結成の過程と願いをこのように結んでいます（関西キリスト教都市産業協力会編『現場研修への手引き―都市産伝会議資料―』一九七二・一二）。

第九回ＮＣＣ都市産業伝道会議

ＫＵＩＭが準備した第九回ＮＣＣ都市産業伝道会議は、一九七三年二月二日から五日まで大阪ＹＭＣＡを主会場に「現場・教会・神学」をテーマに開かれました。参加者は内外から六一名に及び、その一人にＣＣＡ・ＵＲＭ（アジアキリスト教協議会都市農村宣教担当）の呉在植《オジェシク》もいました。

この会議はＫＵＩＭだけでなく、関西労伝のその後の活動にも大きな示唆を与えました。そのひとつが中嶋正昭（ＮＣＣ総幹事、後に日本キリスト教団総幹事）の発言です。中嶋は、タイ・バンコクで開かれた世界教会協議会（ＷＣＣ）総会のテーマ「今日の救い」に触れながら、

（一）経済侵略に抗して貧しい者を解放するたたかいの中に
（二）政治的抑圧からの解放のたたかいの中に
（三）人間を互から疎外させる要因を除去するたたかいの中に
（四）絶望を覚える個人に希望を与えるわざの中に

「神の救いは働く」と会議の方向性を紹介したあと、ＫＵＩＭについても次のように提言しています。「今後のＫＵＩＭのあり方は、今回のように全般的に広く浅く触れていくというより、むしろ問題別に連帯を深めていくような方向をとるべきではなかろうか」（第九回ＮＣＣ都市産業伝道会議報告『さまざまな語りかけ』、一九七三）。

会議に参加した前島宗甫（当時、南住吉教会牧師）は、竹中やＣＣＡ推薦で参加したフィリピン・マニラのトンド地区（スラム）での経験を熱く語りました。前島は、トンドでアジアキリスト教住民活動委員会（ＡＣＰＯ、プロテスタントとカトリックの共同プログラム）のトレーニング（一九七二・六〜一〇）を受け、帰国したばかりでした。このトンドとの出会いから、前島がやがて東洋建設によるトンドのスラムクリアランス（港湾建設）に反対する住民運動（一九七四・二〜一九七五・三）に参加します。前島はフィリピンのキリスト者や住民だけでなく、日本でも

住民運動と連帯し、東洋建設の港湾建設を止めただけでなく、謝罪と補償を勝ち取るなどの結果をもたらしました（詳しくは『キリスト教年鑑』一九七五年版の前島論文「フィリピンの苦悩と日本の関わり」参照）。

前島の取り組みは、結果的には中嶋が提案した「連帯」を具体化した例と言えます。この取り組みを通し、前島は韓国の民主化運動、労働運動とも連帯し、さらにＮＣＣ総幹事時代には南北統一問題にも尽力しました。

荒川純太郎とマレーシア・サラワク

荒川は、ＫＵＩＭが計画・実施した第二回東南アジア・スタディツアー（一九七六・七・二六〜八・一四）が動機で、東マレーシア・サラワクのイバンメソジスト教会へ宣教師として派遣されることになります。これにはロン・藤好の強い働きかけもありました。荒川一家は、一九七八年一〇月から一九八二年一月まで日本キリスト教団世界宣教委員会から派遣されました。しかし、滞在中の経費は、教団ではなく、ＫＵＩＭを中心とした支援会の募金で賄いました。世界宣教委員会と支援会を繋ぐために、荒川のマレーシア滞在中は、わたしも世界宣教委員会の一員として荒川報告を担当し、課題を共有させてもらいました。

荒川の活動は、サラワクのイバンメソジスト教会の住民運動を支援するとともに、日本とマレーシア、特にサラワクとの交流の橋渡しにも貢献しました。その活動の一つは、今も続くサラワクへ日本語教師を送る働きです。また、広島に「共生庵」（荒川曰く、十字架のない教会）を立ち上げ、地域の人やアジアの人々を中心に交流の輪を拡げています。

サラワクの活動の一端は、『アジアの地下水　サラワクの自然と人々』（新教出版社、一九八四）からうかがい知ることができます。また、その後の活動は本書に寄稿されたエッセイ（九八頁参照）をご一読ください。

荒川はサラワクへ宣教師として赴く動機となった東南アジア・スタディツアーについて、こんな一文を残しています。

「教会は、どれだけ地域の人たちに入り込んでいるのか、教会は、どれだけ地域社会にくい込んでいるのか、が問われていると教えられたのが今回の東南アジアの旅だ」と言い、「東南アジアを自分の中に引き込みたい思いがする」と結んでいます（『労伝ニュース』四〇号、一九七〇）。荒川は、この自分への課題を四〇年近く実践してきたことは既に紹介した通りです。

韓国民主化運動、労働運動との連帯

関西労伝が東南アジアと共に大切にしたのが韓国、それも韓国民主化運動、労働運動との連帯です。それは日韓ＵＲＭ交流の中で積み重ねられました。この糸口もまたロン・藤好に負うところ大です。

かれの提案した日韓ＵＲＭ協議会は波乱含みで、第一回が一九七八年五月一五日から二〇日まで韓国ソウルで開催されました。しかし、参加者のうち関西からの五名（うち関西労伝関係者二名、三好、小柳）は韓国政府が入国査証（ビザ）を発給せず、参加できませんでした。さらに参加者は、帰国時に韓国政府により身柄を拘束され、一時出国できないというおまけまで付きました。

その間の事情は、協議会の内容を含め、飛田雄一（神戸学生青年センター）が、最近出版した『現場を歩く　現場を綴る―日本・コリア・キリスト教』（かんよう出版、二〇一六・六）の中で報告しています。

この協議会を通して、韓国労働運動に対する連帯、東一紡織不当解雇に対する反対運動が日本でも起こりました。この協議会と前後して、東一紡織労働争議の資料が日本に入ってきたからです。この不当解雇反対闘争には韓国URMメンバーの女性牧師が深く関わっていました。彼女は、東一紡織で一労働者として働くなかで、女子労働者の組合を組織しました。その結果、会社は政府と一体になり、また暴力団を使ってまで組合潰しを謀ったのです。この経過については、当時、『朝日ジャーナル』に詳細が報告されました。URMのルートを通してYH貿易争議の支援要請もわたしたちのところに届けられました。支援の輪は、キリスト教関係者だけでなく、一般の労組や市民運動の中にも広がりました。

日韓労働運動の連帯をつくるために努力したのは、韓国側では、先に紹介した呉在植です（呉在植『私の人生のテーマは「現場」―韓国教会の同時代史を生きて―』新教出版社、二〇一四参照）。日本側はかつて繊維労連で働いていた塩沢美代子であり、ロン・藤好です。

身の危険を侵して日韓労働運動連帯の道を最初に切り開いた人々の名前と行動を忘れてはなりません。

全泰壱《ジョンテイル》と三好博

日韓労働運動の連帯で忘れてならないのが、一九七〇年一一月一三日、ソウル市平和市場の路上で「労働基準法を守れ」と叫んで焼身自死した全泰壱のことです。全泰壱の死は、その後の韓国労働運動、民主化運動に大きな影響を与えました。勿論、韓国ＵＲＭにとっても衝撃だったことは、呉在植も先の書の中で述べています。

日本での支援運動、特に関西労伝の中では三好博が最も長く、また深く関わりました。三好は、同志社神学部卒業生の金哲顕救援活動に早くから参加していました。金哲顕は、北朝鮮に行ったとのスパイ容疑でＫＣＩＡに逮捕され、第一審（一九七六）は死刑判決でした。三好は金哲顕逮捕は、韓国の民主化運動と深く関係しているとの認識から民主化運動にも注目していました。それだけに民主化運動につながる全泰壱の死に対しては誰よりも関心を寄せていました。ＵＲＭを通して伝えられる韓国労働運動、民主化運動の情報を伝えるために、乞われれば、さまざまな場所、むしろキリスト教関係以外の集会へも足を運びました。三好の訴えに関心をもった一人の労働者（労働運動）が、わざわざ浪花教会の正午の礼拝に出席し、やがて洗礼を受け、教会員にな

1991. 12. 1　No.79

労伝ニュース

発行
関西労働者伝道委員会
〒541 大阪市中央区高麗橋2-6-2 浪花教会内
電話06(231)4951

あらためて全泰一のこと

三好　博

関西労働者伝道も、周囲の人たちに「漏電」しているのではないかと、ひやひやさせたりしながら、多くの励ましに支えられてきました。文字どおりの草の根っこのところで、専任者の働きを中心に続けられてきています。一つひとつどれを取り上げてみても、その課題の重さに押しつぶされそうに感じられるほどなのですが、それでも取り組みの一端を担う意欲と祈りは大きいと思っていますし、かつ、じっくりと活動することを、と願っています。

関労伝と私とのかかわり、というよりも関西労伝の中の私にとってどうしても忘れ去ることのできないのは、全泰一（チョン・テイル）が自分の体に火をつけて死去するに至った出来事です。一九七〇年十一月十三日。そのときの新聞はほとんどこのことを無視するか、せいぜい事実を小さく報道しただけで、私自身もうかつにも目にもとめていませんでした。

何年か後に、池明観氏（現東京女子大学）が「月刊キリスト」という雑誌にこのことのもつ意味を紹介し、私もその記事を読んではじめて全泰一のことを知り、ずーっと重い問題を提起されたと受けとったのでした。

ソウルの平和市場の縫製工場の労働者であった彼が、労働現場での悪条件のもと、ぎりぎりの思いで「我々は機械ではない」「労基法を守れ」と叫びながら焼身抗議したことに韓国の学生が、そして労働者が魂をゆり動かされ、「人間」として生きる権利をつかみとるたたかいを始めました。当然のことに官憲の弾圧はきびしくさまざまな障壁が学生や労働者の運動をとり囲みました。

そのような情況のなかで、李小仙（イ・ソソン）が、息子の生命をかけての訴えや主張を継承し、清渓（チョンゲ）被服労組から、その後の運動の展開がみられたのです。「勤労者の皆さん、泰一は『私の死を無駄にするな』と叫んで死んでゆきました。その言葉は、深く考えるべき言葉であると思います。彼の死は誰に向かっての死であり、その叫びは誰のための叫びであったでしょうか」。このオモニの言葉はずっと今も心に響いています。

一九七八年、大阪の御堂会館で構成劇「韓国労働者の母（オモニ）」が上映された折のパンフレットに、私は「韓国都市産業宣教活動のこと」という題の一文を寄稿しました。全泰一への追悼の思いが一面にありましたが、同時に彼の訴えに呼応した韓国の人たちのたたかいに学びたいという願いが強く胸中にあったからです。この年の二月、東一紡織仁川工場では一二六人の女子労働者が不当に解雇され、韓国労働者の立場が苦況に追いやられるという情勢でした。都市産業宣教会などの支援活動が困難ななかで始動し、また海を越えて国外にも連帯の輪がひろがり、支援活動が各地で起こりました。

日本の労働者や市民の間にも運動が及んで活発な支援の働きが行われ、日本の労働者・市民にとっても、アジアにおける自分の位置をたしかめる好機となったと思います。この間、私自身も大きな励ましを与えられたり、自らのありようを問うことともなりました。

今年の初め、全泰一記念事業会日本支部が結成され、兄の意志をつぐ妹の

（6ページ下段へつづく）

1

「労伝ニュース」No.79（1991年12月1日）

るという出来事もありました（『浪花教会会報』四〇一号、二〇〇三・一〇）。

また三好は、全泰壱の母・李《イ》小仙《ソソン》の構成劇「ソウル・一九七八—韓国労働者の母（オモニ）」上演運動にも尽力されました（一九七八夏）。さらに「全泰壱会館建設運動」にも協力を惜しみませんでした。

全泰壱会館は実現しませんでしたが、二〇〇五年秋、ソウル平和市場跡近くにできたチョンテイル通りに、全泰壱像が完成します。元気だったら三好もその除幕式に足を運んだにちがいありません。

三好が第五回日韓URM協議会に病をおして韓国・慶州を訪れたのは、二〇〇一年一〇月です。三好の病を知っていた朴炯圭《パクヒョンギュ》と金東完《キムドンワァン》は、分科会に出たいと言う三好をあえて誘い、車で慶州の秋を案内しました。

金東完は、韓国URM運動の中心人物で、何度も逮捕、投獄の経験があります。金は尊敬する

三好に義兄弟を申し出、三好の弟であることを誇りにしていました。三好の葬儀（二〇〇三年六月一六日）に韓国から駆けつけ、金は、最後のお別れのとき、ＫＵＩＭのメンバーと共に浪花教会の玄関に立ち、ＫＵＩＭのテーマソングであり、三好がこよなく愛した「海女のこども」を一緒に歌い、三好を送りました。その姿は忘れられません。

朴炯圭は、韓国ＵＲＭを育て闘ってきた第一人者です。朴は後日（二〇〇三・七・二六）、在日韓国基督教会館で催された「三好博さんを語る会」に追悼のことばを寄せています。朴は、三好が韓国民主化運動記念事業会主催の「二〇〇三年海外民主人士招請行事」に招待されていましたが、病のため出席できなかったことを紹介したあと、こう語っています。「三好牧師はそれこそイエス・キリストの真なる弟子として、か弱い人々のための牧人として、日韓両国のキリスト教徒の模範となられました」（『労伝ニュース』三好博さん追悼集、二〇〇三・七・二八）。あらためて三好の働きの大きさに触れる思いがします。

韓国とインターン

ＳＣＭ現場研修（日本ＹＭＣＡ同盟学生部主事・中原真澄）も研修生にアジア、特に韓国に目を向ける機会をつくりました。その一人に土井美保子（聖和女子大学）がいます。土井は第二回研修生（一九八〇）。生野で在日韓国・朝鮮人の課題と出会います。その後、土井が所属していた能勢口教会牧師・藤田公（関西労伝会計担当）の薦めで短期間、釜ヶ崎でインターンを経験します。そして卒業後、関西労伝とKUIMが一緒になって組織した「キリスト教釜ヶ崎越冬委員会」の専従者としても働きました。

土井は『労伝ニュース』に一文を寄せています。題して「気づいたこと―釜ヶ崎から―」です（五八号、一九八二）。土井は、讃美歌第二編一八四番四節「かくまでゆかしき　神の愛に　なお感ぜぬものは　ひとにあらじ」にキリスト者の「傲慢さ」、「排他性」を見るとして、讃美歌委員会と作詞者に削除を願うと訴えています。現在の一八四番をみると、歌詞の下に「第四節は適切さを欠いたことばがあり、削除しました」との註があります。この一文は釜ヶ崎の現場で働いてはじめて生まれたものです。

生野のKCCや聖和社会館でインターンを経験し、韓国・朝鮮人の人権を自分の課題としたインターンは次のとおりです。

西井潔（関学・一九七六）、井石彰（同志社・一九七九）、西岡昌一郎（同志社・一九八〇）、大竹義人（同志社・一九八二）、中村美貴子（聖和・一九八二）、鍬本文子（ルーテル神学大学・一九八三）、横山潤（関学・一九八三、大韓西成教会、釜ヶ崎）、佐藤誠司（同志社・一九八四）。なかでも井石は釜ヶ崎を通して韓国・朝鮮人の課題を考えた一人です。

「お前はドクター竹中を知っているか」

アジアURM関係の会議や現場研修で「日本から来た」と自己紹介すると、最初の質問は「お前はドクター竹中を知っているか」でした。この一言に代表されるように竹中は、アジアのURM関係のネット・ワークを作った人で、その貢献はたいへん大きなものと言えます。またCCA―URM委員長時代にはアジアのURM活動を支えるために世界の諸教会に働きかけ、資金を集め、具体的な活動や運動体を支援する役割を担いました。関西労伝もその活動を竹中の努力を通して経済的に助けられました。その意味で、竹中はアジアと世界、アジアと関西労伝をつないだ組織づくりの人と言えます。

その一端は、竹中論文「アジアの労働者と関西労伝も」（竹中正夫編『働く人間像を求めて』）に見ることができます。なかでも竹中にこの働きを可能にさせたのは、その五四号から竹中自身が編集・発行した「チャーチ・レイバー・レター（CLL）」の存在です。この英文機関紙には、随時、関西労伝関係の記事が載っています。竹中は、アジアへ、世界へ関西労伝を発信していたのです。

竹中が活動や運動体を結び合わせた人であったのに対し、平田とロン・藤好は、現場で働く人と人を出会わせ、具体的な課題を担う状況をつくり出す達人でした。平田はKUIMを組織し、その活動を通して、ロン・藤好はCO（市民運動の組織論）の人としてアジアの労働運動、住民運動と関西労伝が出会う機会をつくり、共に課題を担い、働く人々を生み出しました。

寄せ場・釜ヶ崎

釜ヶ崎と益谷寿、そして金井愛明

関西労伝にアジアの重要さを気づかせてくれたのが、竹中、平田、そしてロン・藤好ですが、釜ヶ崎もまた関西労伝の課題と提示したのは、益谷寿であり、金井愛明です。

益谷は長らく関西労伝の募金委員長を務めていましたが、釜ヶ崎に隣接する被差別部落にあった大阪キリスト教社会館館長であり、日本キリスト教団西成教会牧師でした。益谷は、わたしを一九六一年八月の西成事件（後に第一次釜ヶ崎暴動）直後の釜ヶ崎を案内してくれました。また一九六八年春、当時、釜ヶ崎にあった不就学児たちの学校、大阪市立あいりん小中学校のケースワーカーの職をわたしに紹介したのも益谷です。益谷の紹介がなければ、わたし自身、釜ヶ崎との出会いはなかったと思います。あいりん小中学校時代の働きについては、『教育以前・あいりん小中学校物語』（田畑書店、一九七八）をご参照ください。

益谷は関西労伝と関わるとともに、部落解放キリスト者協議会メンバーとして教会に対して部落解放を訴え続けました。その益谷が、釜ヶ崎に住み、働き出した直後の金井を大学のチャペルアワーで紹介しています（『チャペルアワー月報』一二五号「釜ヶ崎に生きて考えること」、同志社大学宗教部、一九七〇）。

釜ヶ崎との出会い

　金井と釜ヶ崎との出会いは、ある意味、偶然でした。金井は一九六六年のある日、総評の委託で堺にある石油コンビナートの労働調査をしていました。最新の設備を誇るコンビナートの中で、いわゆる会社の制服とは一目で違うと分かる服装の労働者に出会います。その労働者は誰が見ても危険な職場で働いているのです。金井は、声を掛け、話すうちに、彼が堺からさほど遠くない釜ヶ崎から来ている日雇労働者であることを知らされます。

労働者伝道一泊研修会（1960 年代）

　この出会いが金井に一つの決断を迫りました。金井はこれまで大企業、それも組織された組合に属する労働者を労働者と思ってきました。この出会いは、金井の労働者観を変えました。金井は、まさに直感的にこの日雇労働者こそ自分の課題と受け取り、総評関係の仕事を辞し、一九六七年から釜ヶ崎に住み、一人の日雇労働者としての生活を始めます。

　この時、金井を支えたのが益谷であり、フランスのエマウス運動の流れを汲む暁光会大阪支部の谷安郎でした。谷は、当時、今宮中学校近くのスラム街の一郭に金井の住む家を紹介します。

　金井が釜ヶ崎で始めた日雇労働と生活は、労伝の計画や方針ではなく、ひとえに金井個人の決断であり、実践でした。まもなく金井は関西労伝の専任者も辞し、大阪北伝道所時代の親しかった信徒や友人たちの支援で活動を始めます。それが、「いこいの家」であり玄米食堂として有名だった「いこい食堂」です。

「いこいの家」の活動は、夜間診療室、学習教室、日曜集会等々でしたが、浪花教会の信徒たちも応援しました。金井の釜ヶ崎の生活は、はじめは単身赴任でしたが、家族のことを心配したドイツ人宣教師E・ストロームは既に始めていた山王ベビーセンター（保育所）の二階を居室として金井一家に提供します。家族の生活を支えるために、益谷の後しばらく無牧だった西成教会の招聘を受け、その牧師に就任します。しかし、金井にとって働きの拠点は相変わらず「いこいの家」、「いこい食堂」でした。金井が食堂を始めたのは大阪社会医療センター附属病院・本田良寛院長のアドバイスによりました。本田は、金井に労働者に安くて栄養価の高い食事を提供するように勧め、金井は麦めし屋を始めます。この食堂でのインターンが井上勇一（大阪キリスト教短期大学、一九七七）でした。

一九七〇年、それまでバラバラに釜ヶ崎で活動していたカトリック、プロテスタントのグループがストロームの呼びかけで、エキュメニカルな釜ヶ崎協友会（後の釜ヶ崎キリスト教協友会）を結成します。金井もメンバーとして参加します。

一九七〇年代は日本全国で激しい運動が起こっていました。釜ヶ崎も例外ではありませんでした。労働者は既存の労働運動を克服するために、「暴力手配師追放釜ヶ崎共闘会議」を結成し、日雇労働者が直接自分たちの賃金や労働条件の改善を求め、闘いました。成果もありましたが、官憲による弾圧も激しいものでした。

労働運動に理解を持つ金井は、弾圧による逮捕者の裁判、保釈金、保釈時の身柄引き受けなど、労働者の闘いを背後で支援し続けました。

金井愛明先生を偲ぶ会

金井の晩年は、病の連続でした。結核、脳梗塞など自由に活動はできませんが、いこい食堂の活動を続けました。二〇〇七年、七六歳の生涯を終えます。

金井の死後、七〇年闘争で身柄引き受け人になってもらった労働者有志が呼びかけ、釜ヶ崎で一つの集会が開かれました。「金井愛明先生を偲ぶ会」（二〇〇八・五・一五）です。一〇〇余名が会場の西成市民会館に集まりました。その後集会の呼びかけ人の一人、鈴木武が編集責任者となり、冊子『釜ヶ崎に生きて―金井愛明の四十年』が発行されます。その中に「私なんかが思っている宗教者とはちょっと違う、変わった人やなという感じを持っておりました。それは、ここに生きている者たちというのを、施しを受けるだけの者、与えられるだけの対象の者というふうには見ていないという、金井さんの生き方なんじゃないかな」との一労働者の金井観が載っています。

関西労伝もＫＵＩＭと共催でこの集会に先だち、四月二八日、浪花教会で「金井愛明さん記念会」を開きました。テーマは「金井愛明さんを語る―わたしたちに残したものは何か」です。残念と言うか、その時の記録を残していません。今、その怠慢を恥じます。

多くの労働者が釜ヶ崎の集会で語ったように、闘う労働者にとって金井は実に大切な「宗教者」でした。その姿勢は、終世、変わりませんでした。金井がその最期を釜ヶ崎の労働者が多数入院していた西成区の千本病院で迎えたのは本人にとっては本望ではなかったでしょうか。

最後に一つだけ付け加えます。金井はひとにものを頼むのが嫌いな人でした。しかし、この時ばかりは節をまげ頭を下げました。それはバブルがはじけた一九九二年以降です。その時、いこい食堂前の公園には一〇〇〇人近い失業中の労働者が炊き出しを求めて行列をつくっていました。金井は、友人たちに炊き出し用の米のカンパを(一九九二~九三)、大阪の教会に対しては教区報を通じてこの緊急事態への応援(一九九六)を依頼しました(一五三頁参照)。これが今日まで続く、大阪をはじめ近隣の諸教会からの炊き出し支援であり、諸教会のメンバーが釜ヶ崎に関心を持つ大きな動機でした。

越冬支援キャンプ

わたし自身は、金井とは全く無関係に釜ヶ崎で働き始めたことは先に記した通りです。不就学児のために開設(一九六二)された大阪市立あいりん小中学校のケースワーカーでした。七年間、こどもの教育権保障をめざし働きました。一九七五年七月、ケースワーカーを辞し、こどもたち

作・ありむら潜

の親、つまり日雇労働者の問題に取り組むことになり、関西労伝専任者としての働きが始まりました。その最初の働きが「釜ヶ崎越冬支援キャンプ」です。

ＫＵＩＭは、結成以来、中嶋や呉の問題提起、具体的な取り組みへの応答を模索していました。そこに浮上したのが現場研修でした。現場として生野と釜ヶ崎が話題にのぼり、釜ヶ崎について意見が聞きたい、とＫＵＩＭ委員会に出席しました。そこで語られたのは、釜ヶ崎で夏、現場研修をしたいがどうすればよいかとの問いでした。それに対し、わたしは釜ヶ崎ではオイルショックで労働者は失業し、野宿生活を強いられ、冬期は死者、それも路上での死者が出ていると訴えました。話し合いの結果、期間は冬期、それも労働者自身が越冬闘争をする期間の支援キャンプが決定されました。担当者として前島、荒川、ロン・藤好の三人が選ばれ、現場からわたしが参加しました。ロン・藤好はその後、生野でＫＣＣと活動を共にし、抜けます。結局、前島、荒川、わたしの三人が、ＫＵＩＭ釜ヶ崎委員会として活動することになります。

その動機は金井です。「一度だけの支援キャンプで何が解るか」。この一言に押されて釜ヶ崎委員会ができ、この活動を広く知らせるために支援キャンプの報告書を出します。それが関西キリスト教都市産業問題協議会越冬支援キャンプ世話人会編『釜ヶ崎一九七五年冬』。発行責任者は前島宗甫です。

越冬支援とは、釜ヶ崎で労働者自身が中心になり、一九七〇年以来行われてきた越冬闘争への支援です。一九七五年は第六回にあたり、計画では前年度通り、花園公園に越冬テント村を一二月から作り、そこを拠点に活動することになっていました。しかし大阪市は、同年二月、行政代執行でそのテント村を潰しました。越冬期の一二月末から翌年二月にかけては町内会が公園を使うとの理由で、第六回釜ヶ崎越冬闘争実行委員会に対して花園公園使用を許可しませんでした。そのあおりで、わたしたち釜ヶ崎委員会も公園にテントを張った泊まり込みでの支援ができなくなりました。金井や谷の紹介で暁光会の司祭館を宿舎に支援活動を続ける結果になりました。

この冬（一九七五・一二〜七六・一）、釜ヶ崎協友会は大阪市から越年対策を依頼されました。越年対策とは、年末年始、仕事のない労働者に対して大阪市が宿舎と食事等を提供する事業です。その事業の管理運営を大阪市から依託されます。釜ヶ崎協友会は大阪市が望んだ事業の管理運営に警察力導入を拒否したので、以来、事業を頼まれることはありませんでした。当時、あるキリスト教団体は、労働者が抗議することに備え、宿舎の食堂に機動隊を待機させていたこともあります。

釜ヶ崎協友会は、越年対策で市から支払われた管理者への報酬を元手に、その春、野宿労働者に炊き出しを行いました。支援キャンプも協力し、花園公園に炊き出し弁当を暁光会から運びま

した。第六回（一九七五）の越冬闘争のスローガンは、

一．仕事よこせ

二．病院に入院させろ

三．公園の使用を認めろ

でしたが、具体的な解決は何ひとつ得られませんでした（越冬支援キャンプの詳細は『日本人と隣人』の「隣人―釜ヶ崎との対話」日本ＹＭＣＡ出版部、一九八一参照）。

キリスト教医療連絡会

越冬支援キャンプには七〇人近い人たちが参加しました。その人たちを中心にボランティア活動として月一回の学習会と水曜パトロール（のちに「水曜夜まわり」、さらに「木曜夜まわりの会」）を始めます。

学習会としては、釜ヶ崎の若いキリスト者の労働者たちが作った釜ヶ崎地域問題研究会の協力で夜間学校や識字学級を始めます。識字学級は「労働者と教育」がテーマで、パウロ・フレイレ『被抑圧者の教育学』をテキストに学び、「識字」とは単に字を憶えることではなく、意識を変える働きだと知ります。

パウロ・フレイレを通して、識字運動の意味を学ぶことができ、「教育とは何か」を教えられました。「識字教室」と並行して行っていたのが「夜間学校」で、この歩みは『釜だより』とし

て冊子にまとめられました。

学習と並行してなされたのが「夜まわり」です。夜まわりを続ける中で、課題に出会います。それは第六回の越冬闘争のスローガンの一つ、「病院に入院させろ」です。具体的に言えば、結核を患う労働者が、路上で喀血したまま倒れているのです。聞くと、入院しても少し良くなると退院させられる。働くこともできず、また生活保護も受けられず、野宿を余儀なくさせられているうちに再発したとの返事でした。日本には結核予防法があり、排菌している結核患者に対しては「措置入院」が課せられています。しかし、釜ヶ崎では法以前というか、「無法」がまかり通っています。

この現状は座視できないと、ＫＵＩＭが呼びかけ人になり、「結核と取り組む釜ヶ崎キリスト教医療連絡会」を組織します。名前は大きいのですが、いわゆる組織からの人的支援や資金援助もありませんでした。しかし、路上の結核を病む労働者を見殺しにできません。

岩村昇と入佐明美

そこでわたしたちは、釜ヶ崎で結核に専門的に取り組んでくれる人はいないか、と岩村昇に相談しました。岩村は、当時、キリスト者医科連盟の医者で、キリスト教海外医療協力会からネパールに派遣されていました。ネパールの結核対策が課題でした。

わたしたちは、休暇で帰国中の岩村と面会し、ネパールだけでなく、一〇人に一人が結核という釜ヶ崎の現状を話し、協力をお願いしました。そこで後日紹介されたのが、当時、姫路の病院で看護師だった入佐明美です。入佐は将来、ネパールで働きたいと岩村に申し出ていました。岩村は、入佐がそれに備えるための実習地として釜ヶ崎で働かせてもらえないか、とわたしたちに話を持ち出されました。

それが短期間でも具体的な回答があった以上、わたしたちもその願いが実現するようにと動きました。当時の記録（『釜ヶ崎―一九七八年冬』（キリスト教釜ヶ崎越冬委員会）によれば、この件について、一九七九年二月二三日、岩村昇と本田良寛（大阪社会医療センター付属病院長）が話し合いました。結論は、入佐の働きに協力するが、財政的な支援（特別雇用）はできない、でした。本田も釜ヶ崎の結核が深刻な状況にあることは十分認識していました。しかし、大阪市の外郭団体である大阪社会医療センターの財源は大阪市が握っています。本田の自由になりません。しかし、本田の裁量で出来ることが提案されました。入佐が半年、社会医療センターで社会医療―結核について学ぶ場が用意されたことです。その時の実習記録があります。「釜ヶ崎結核患者百人のアンケート調査」です。当時の釜ヶ崎労働者に関する貴重な記録です。入佐が社会医療センターの指導と協力のもとに実施、入佐自身がまとめたものです（『釜ヶ崎―一九八〇年冬』、キリスト教釜ヶ崎越冬委員会編、一九八一・七参照）。

余談ですが、その後、入佐はネパールに行くことなく、いまなお釜ヶ崎で働いています。すでにキリスト教釜ヶ崎越冬委員会は、釜ヶ崎日雇労働組合や釜ヶ崎原爆被爆者の会と一緒に西成保健所々長に次のような結核の治療に関する「要求書」を出し、話し合いました（一九七六・一一・一五）。

一．冬期結核患者の完全治療を保障せよ
一．入院必要患者の結核ベッドを保障せよ
一．通院必要患者の通院できる病院をふやせ
一．結核患者の夜間入院を保障せよ
一．予防医療の立場からドヤの消毒をせよ
一．各結核病院にカウンセラーを置け
一．保健婦《ママ》を増員し任期を延長せよ

一般の医療の常識からは考えられないこの要求書は、釜ヶ崎での結核対策が、医療以前の状態にあったことの動かぬ証拠です。だからこそ、釜ヶ崎キリスト教医療連絡会をわざわざ結成し、活動しなければなりませんでした。大阪市の医療行政の怠慢あるいは釜ヶ崎差別医療行政と言っても過言ではありません。大阪の他地域ではこのような差別行政は認められません。こと釜ヶ崎では日常的に横行していました。

だからこそ、ＫＵＩＭが中心になり、釜ヶ崎キリスト教医療連絡会をつくり、入佐に結核専門のケースワーカーとして働いてもらうことになったのです。無謀と言えば、無謀です。しかし、

結核になった日雇労働者が路上で死を迎える姿を座視できませんでした（参照「朝日新聞」一九八一・二・二〇）。

釜ヶ崎キリスト教医療連絡会のメンバーは、越冬期はキリスト教釜ヶ崎越冬委員会に参加し、越冬支援活動に取り組み、他の期間は、結核で入院している労働者を病院に訪ねました。わたし自身も、前島あるいは「結核患者の会」のメンバーと枚方や阪南の結核専門病院に行きました。しかし、入院先の病院でも釜病棟と呼ばれる病室で、釜ヶ崎からの労働者はやはり差別的な医療を受けていました。

釜ヶ崎キリスト教協友会に参加

ＫＵＩＭ（正式にはＫＵＩＭ釜ヶ崎委員会、委員・前島、荒川、小柳）が、釜ヶ崎に関わったのは、一九七五年の越冬からです。以来、小さな委員会ですが、メンバーや各教会に呼びかけ、釜ヶ崎の越冬をはじめさまざまな活動に参加してきました。その活動の中から生まれたのが、先にも触れた釜ヶ崎の結核問題に取り組みを特化させた「釜ヶ崎キリスト教医療連絡会」（一九七九）です。専任者として、結核ケースワーカーに入佐明美看護師、事務局担当に土井美保子を迎えました。入佐は路上の医療相談を通し、結核を病む労働者の入院、退院後の生活相談の任に当たりました。連絡会に属するわたしたちは、専任者のための募金活動や入院後の労働者の病院訪問や退院後の生活相談に当たりました。そして、冬は、釜ヶ崎の他のキリスト教のグループや労働組合と共に越冬活動に参加し、炊き出しや夜間パトロール（のちに夜まわり）等でボランティアとして働きました。特に越冬活動に関しては、釜ヶ崎のキリスト教のエキュメニカルグループ釜ヶ崎協友会（のちの釜ヶ崎キリスト教協友会）と共闘しました。

共闘のグループ名は、キリスト教釜ヶ崎越冬委員会（以下、越冬委）。構成メンバー（一九八〇）は、釜ヶ崎協友会から愛徳姉妹会、守護の天使修道会・こどもの里、暁光会大阪支部、フランシスコ会ふるさとの家、イエズス会旅路の里（以上、カトリック）、日本キリスト教団いこいの家、日本福音ルーテル教会喜望の家・ベビーセンター、釜ヶ崎地域問題研究会、そしてＫＵＩＭ釜ヶ崎委員会でした。

越冬委での共闘から七年目の一九八二年、越冬委に転機がきました。三回の話し合い（一九八三・四・三、五・二九、六・一二）の結果、越冬委を発展的に解散し、これまでのグループ全員で釜ヶ崎協友会から釜ヶ崎キリスト教協友会へと名称も変え、再出発することになりました。これに従い、キリスト教釜ヶ崎医療連絡会も一度解散し、「入佐会」になり、ＫＵＩＭ釜ヶ崎委員会と共にそれぞれが釜ヶ崎キリスト教協友会の正式メンバーになりました。

ＫＵＩＭ釜ヶ崎委員会のメンバーの一員である関西労伝の専任者も、これにより、釜ヶ崎キリスト教協友会の一メンバーとして活動することになりました。ＫＵＩＭ釜ヶ崎委員会は他のグループと異なり、運動体でしたので、釜ヶ崎に事務所は持ちませんでした。必要な時は他のグループが場所を提供してくれました。

関西労伝にとっても釜ヶ崎での新しい出発でした。それは一九八三年六月二三日のことです。

教派を超えて

釜ヶ崎協友会

一九八三年六月以降、KUIM釜ヶ崎委員会は、釜ヶ崎キリスト教協友会の一グループとして活動を始めます。しかし、委員三人の実態と言えば、関西労伝が中心でした。委員の前島、荒川は、一九八五年、東京と広島に赴任したからです。

釜ヶ崎キリスト教協友会の前身、釜ヶ崎協友会についてはすでに少々触れましたが、労伝の活動を理解するうえでもその歴史は重要と思われますので、略史を紹介します。

その前史は、一九三三年、フランスの愛徳姉妹会（修道会）の三人のシスターたちのセツルメント活動に始まります。しかし、大阪大空襲（一九四五・三）で一時、活動は中止されますが、一九六四年、シスターたちの活動が再開されます。その活動と前後してドイツからの宣教師E・ストロームの活動が始まります（E・ストローム『喜望の町　釜ヶ崎に生きて二〇年』日本基督教団出版局、一九八八参照）。さらに一九六七年前後に、暁光会大阪支部・谷安郎、いこの家・金井愛明、続いてフランシスコ会司祭ハインリッヒが活動を始め、一九七〇年一一月、E・ストロームの呼びかけで教派を越え、釜ヶ崎で働きましょう、と釜ヶ崎協友会が結成されます（その後の活動は『釜ヶ崎キリスト教四〇年誌』釜ヶ崎キリスト教協友会編、二〇一一参照)。そして、ＫＵＩＭが釜ヶ崎協友会のメンバーになった年(一九八三)に、釜ヶ崎協友会は、「釜ヶ崎キリスト教協友会」(以下、協友会)として再出発したのです。

イエズス会社会司牧センター「旅路の里」

協友会で施設を持たなかったのは、釜ヶ崎地域問題研究会と関西労伝でした。したがって、運動を通して協友会活動に参加、あるいは協力しました。しかし、関西労伝の活動に協友会の各グループは場所を提供し、その活動を支援してくれました。なかでもイエズス会社会司牧センター旅路の里(司祭・蒲田昇)の協力なしに、関西労伝の活動は不可能と言っても過言ではありません。

例えば、関西労伝も協力したＳＣＭ現場研修第三回(一九八一年)以来、会場は旅路の里です。今日まで会場提供で協力してくれています。

場の提供と言えば、関西労伝もそのメンバーだった釜ヶ崎資料センターがあります。釜ヶ崎資料センターには、旅路の里の一室を資料室に使わせてもらい、そこからメンバーの研究結果をまとめた『釜ヶ崎資料』(一九八六・二)や、その総集編とも言える『釜ヶ崎—歴史と現在』(三一書房、一九九三)などを世に問うこともできました。

さらに、旅路の里は関西労伝が仲介でいろいろな場になりました。あるときは日雇い労働者の葬儀の場、あるときは闘いで逮捕された労働者の救援会事務所、とさまざまです。今日のように独立した事務所を持たなかった釜ヶ崎医療連絡会議の医療相談にも使わせてもらいました。また、外国人労働者、特にアジアから働きに来ていた男性、女性の労働相談を関西労伝と水野阿修羅、木村雄二らの協力で始めた「アジアンフレンド」(一九八八)でも電話、部屋の提供も受けました。その後、アジアンフレンドは、リンク(すべての外国人労働者とその家族の人権をまもる関西ネットワーク「ＲＩＮＫ」)に合流しますが(一九九一)、旅路の里の協力なしには出発できませんでした。

わたし自身のことを言えば、旅路の里や薄田司祭に出会うまで、正直、カトリック教会に対しては偏見がありました。一九七五〜六年の越冬活動の打ち合わせを釜ヶ崎協友会のシスターたちとしていたとき言われました。「小柳さんは無神論者とよく一緒に活動できますね」。こんな状態でした。現在はまったくそんなことはありません。

薄田司祭、即イエズス会、カトリック教会ではありませんが、その日常のさまざまな活動を一緒にする中で、その偏見は取り除かれました。また松浦司祭や村田司祭との出会いも大きな要素です。

労働者と医療

結核問題には、釜ヶ崎キリスト教医療連絡会が解散しても、労伝は釜ヶ崎結核患者の会や釜ヶ崎医療連絡会議のメンバーと協力しながら取り組みました。それは、釜ヶ崎キリスト教医療連絡会時代の経験に遡ります。大阪府下の結核専門病院で起きた広崎病院事件です。詳細は、『釜ヶ崎―一九七九年冬』（キリスト教釜ヶ崎越冬委員会編、一九八〇）に譲りますが、その時、わたしたちが病院に提出した入院患者の要求を紹介します。この要求書から釜ヶ崎の労働者が置かれている医療状況が読み取れます。

要求書

治療について

（一）一週間に最低二度は、回診すること（二）一ヶ月に一回、病院側から患者に対して病状を説明すること（三）喀痰検査、血沈検査、尿検査の結果を患者に伝えること（四）薬の副作用による障害を防止のための適切な検査を行うこと（五）あらたな疾病に対してすみやかに処置を行うこと（六）機能回復訓練を行うこと

待遇改善について

（一）ガードマンのボディチェック、物品検査を廃止すること（二）外出時間内の出入り制限を撤廃すること（三）廊下に電灯をつけること（四）上り廊下に手すりをつけること（五）洗濯機を二台増やすこと（六）湯沸かし器を設置すること（七）ガスコンロを五台増すこと（八）病室での電気使用をみとめること（九）入浴を週三回にすること（一〇）便所に専用下駄、ち

り紙をおくこと（一一）便所に消毒液をおくこと（等々）

一九八〇年三月九日　釜ヶ崎結核患者の会

この要求書を病院内で配布した患者（釜ヶ崎の労働者）は強制退院させられ、それに抗議すると、病院は地元警察に抗議行動を監視するよう要請しています。蛇足ですが、広崎病院長は脱税で一九七〇年二億円、一九八〇年二億五千万円、大阪国税局から摘発され、有罪判決を受けています。これが結核予防法に基づき、釜ヶ崎の結核労働者が措置入院させられる結核専門病院の実態です。

労働者の医療状況は結核病院に終わりません。救急医療にも課題山積でした。釜ヶ崎の労働者はほとんどが健康保険に加入していないので、いざという時は、救急医療つまり救急車が対応します。ちなみに一九八七年の統計によれば、大阪市内全出動件数（九七八七二件）の約一〇パーセントにあたる九〇四七件が、釜ヶ崎地域での出動回数です。一日平均二五件、西成消防署海道出張所（釜ヶ崎内の消防署）にある二台の救急車が一時間交代で出動していることになります。わずか〇・六二平方キロメートル、人口約二万の町での出動です。残念ながら、これが救急医療というより、釜ヶ崎の労働者の医療の現実です。

このような状態の中で次のような出来事が起こりますが、決して例外ではありません。越冬の夜まわりで路上に倒れていた労働者に声を掛けた時、救急車を呼ぶことになりました。救急車は来たのですが、救急隊員の第一声が「のるか、のらんか」でした。労働者はこの一言に乗車を拒否。わたしたちは乗車を勧めましたが、拒否し続けました。翌朝、同じ場所でその労働者は遺体で発見されました（詳細は、『釜ヶ崎一九八八年冬』協友会通信一五「救急車と人権意識」）。

この件については夜まわりをしていたわたしたちにも責任があります。なぜ救急隊とケンカしてでもその労働者を救急病院へ運ばせなかったのか。

ただ、救急車が救急の野宿労働者を搬送する先の病院（釜ヶ崎内）は、「狭心症」を「肋間神経痛」と誤診し、労働者を死へと追いやるような病院です。この病院が釜ヶ崎では「救急指定病院」なのです。この事件（一九八九・四）は、死亡した労働者の友人が裁判に「病院の誤診」を訴え、勝訴（一九九四・九）します。裁判所も驚くような人命無視の救急対応だったことが解ります。この事件については地裁、高裁で勝訴した記録を協友会の協力で『日雇い労働者Mさんの死をムダにしないために―釜ヶ崎の救急病院大和中央の実態』（裁判資料編集委員会編、一九九六・七）にまとめ刊行しました。

釜ヶ崎労働者の人権

一九八三年二月、横浜で少年たちによる野宿労働者（当時のマスコミは浮浪者）を「社会のゴミだから処分（殺す）した」という事件が起きました。この事件を契機に山谷、寿、釜ヶ崎の各寄せ場で労働者の人権を守る運動が起きました。この事件を日雇労働者への差別ととらえたからです。

釜ヶ崎では、「釜ヶ崎差別と闘う連絡会（準）」の発足です（一九八三・六）。世話人会ができ、その代表に金井愛明がなり、関西労伝も世話人会に入ります。連絡会は、野宿者の実態調査や釜ヶ崎を差別の視点から見直す学習会を重ね、一九八四年八月、その結果を『釜ヶ崎からの現場報告　労働・生活・運動』にまとめ、刊行しました。野宿労働者、つまり失業で野宿せざるを得ない日雇労働者の実態を明らかにしました。また野宿労働者は、日々、行路死と隣り合わせであることも西成区の発表する行路死亡人の統計から明らかになりました。一九八七年の行路死亡人は、西成区が一一〇人。隣接の浪速区は八人、天王寺区は一〇人が証明します。

「野宿労働者は行路死してもあたりまえ」という社会風潮が、少年たちの襲撃へとエスカレートします。しかし、この点は何も横浜だけの話ではありません。釜ヶ崎では協友会の「こどもの里」が中心になり、こどもたちから聞き取りをしました。結果は、横浜ほどでありませんが、こどもたちが野宿労働者を差別していることが浮き彫りになりました。それは、自分たちの親を含め釜ヶ崎の日雇労働者がどんな人たちか全く理解していないからです。学校、釜ヶ崎内の小中学校でも、同和教育で部落差別の授業はしても、日雇労働者や野宿労働者についてはまったく教えていない結果です。

そこで「こどもの里」が中心になり、野宿労働者と出会うため越冬期（一〜三月）、こども夜まわりを始めました。一九八七年一月からです。今年で三〇年になります。わたしも夜まわりの前の学習会を最初からお手伝いすることができました。全体のテーマは、「学校が教えてくれない日本の歴史」。キーワードは「釜ヶ崎の日雇労働者と命」です。釜ヶ崎の日雇労働者を主人公に、日本の近・現代史をこども目線で学びました。こども夜まわり活動の記録は、これまで数年に一度、冊子『こども夜まわりだより』として刊行されてきました。

学習会は毎年、一九八三年二月、横浜で少年たちにより一人の野宿労働者が「社会のゴミ」として殺されたことを思い出すことから始めます。それはまた生命の尊さを知ることに通じます。

むすびにかえて

一九九二年春、わたしは幸いにも専任者の任を大谷隆夫さんと交代することができました。現在は関西労伝の一メンバーとして、また、ボランティアとして釜ヶ崎と関わり続けています。その中で考えたことを記し、むすびに代えます。

関西労伝の活動を続けていく上で、軸は専任者です。専任者はやはりインターンの中から生まれます。インターンの背後には教会があり、神学校があります。

そして活動を続ける上で欠かせないのが財政です。専任者をはじめインターンを支えるためには資金が必要で、関西労伝はこれまで教会有志の献金をその支えとしてきました。振り返って、一九八〇年代までは海外の諸教会からの支えもありました。しかし、日本が高度成長期に入ると、それも無くなり、財政は厳しい状態に陥りました。この状態は今日も変わることはありません。専任者中心の活動を続けようとすると、財政基盤をどうつくるか、大きな課題となります。歴史が物語るように、「関西労伝後援会」が委員会に先んじて組織されたのは重要な点を示しています。

もう一つ重要なのは広報活動です。財政基盤と深く関わっています。関西労伝は発足以来、『労伝ニュース』（二〇一六年一〇月現在で第一五九号）を発行し、教会の内外にその活動を伝え、支援を訴えてきました。また、これとは別に「労伝後援会便り」を出した時期もありました。この活動を陰で支えてくれたのが田中義信さん（天満教会員）です。今回、この『六〇年史』でも編集の労を受けてくれました。関西労伝はこれからも現場（釜ヶ崎）と教会をつなぐ働きを、広報活動や諸集会を通じて強めていかなければなりません。振り返ってみると、現場と教会が一番近かったのは「四・五事件」（一八一頁以下）でした。

現場（釜ヶ崎）と教会の関係で見落としてならないのは、教派を越えたエキュメニズムです。関西労伝は協友会活動に参加する中で、カトリック教会との出会いがあります。釜ヶ崎のカトリックが、即、いわゆるカトリック教会ではありませんが、さまざまな点で教えられています。わたし個人の経験で言えば、越冬の夜まわりのとき、「祈るとは、野宿する労働者に声を掛けることよ」と教えてくれたスペイン人のシスター・コーラル、同じく在日韓国人の指紋押捺拒否に連帯し、自身も拒否したシスター・マリア（『釜ヶ崎キリスト教協友会四〇年誌』参照一五〇～一五八頁）や、労働者中心のミサを執り行う本田哲郎司祭の名が浮かびます。

今日に続く「全国地域・寄せ場交流会」の第一回寄せ場交流会（一九八四年）会場（宝塚黙想の家）を紹介してくれたのが、薄田司祭でした。名古屋・笹島（藤井克彦等）、横浜・寿（村田由夫等）と、釜ヶ崎からの合計一〇人余で会合をもちました。この会の記録は、当時のインターン・横山潤（関西学院）等の手で残されています。この交流会は、一九八二年に結成された寄せ場労働者交流の場「全国日雇労働組合協議会」にヒントを得て始めた集まりでした。関西労伝はこのようなエキュメニカルなつながりや活動、地域を越えた交流をどのように教会に伝え、共有していくか、この点も重要な課題です。

地域（現実）が提起する課題「人間の尊厳」を宣教の課題として教会へ返していくことこそ、これからも関西労伝の大切な任務ではないでしょうか。

（釜ヶ崎キリスト教協友会）

第二章　インターン経験とその後の「現場」

「いのち」に寄り添う

平田　眞貴子

伝道キャラバン参加（一九五四年）

「三年生の後藤眞貴子さん、今すぐ学長室に来てください」のアナウンスに、恐る恐る学長室のドアをノックしました。ホワイトヘッド学長の言葉は「ヘンリー・ジョーンズ宣教師が夏休みにクリスチャン女子大生の職域伝道キャラバンを計画しています。聖和からあなたを推薦しようと思います」。

伝道キャラバンって、何？　聖和の代表で？　プレッシャーを感じたものの、派遣にチャレンジしようと覚悟しました。そこから私の生涯を決する「労働者伝道」との関わりが生まれたのです。

ヘンリー・ジョーンズ宣教師館での準備会に集まったのは六名。関西学院から榎森（東後）正子さん、神戸女学院から平木（大中）貴美子さん、恵泉女学園から卒業生の掛井（巣山）いさほさん、二年生の石川（松本）民子さん、そしてメソジスト教会からJ3経験をもつアメリカ人宣教師のエリザベス・クラークさん、いずれも二〇代の女性たちで、紡績工場で働く集団就職女子労働者への伝道キャラバン隊が結成されました。

一回につき二時間のプログラムを用意しました。大部屋に集まった若い女性たちのための出し物は「靴屋のマルティン」の劇。リズの名（迷）演技はおおいに受けました。また「私はなぜクリスチャンになったか」の立証タイムや讃美歌合唱のほか、ゲームやキャンプソングなどによる楽しいひとときを提供しました。寄宿舎に泊まらせていただき、食事やお風呂も工場のみなさんと一緒で、深夜勤務に赴く彼女たちを見送り、早朝出かける人の起床合図に、三交代制で働く厳しさを実感しました。

聖和卒業後の私の進路が「関西労働者伝道後援会」の専従者として働くことになったのも、ヘンリー・ジョーンズ宣教師、エリザベス・クラーク宣教師、浪花教会の三井久牧師ほか、「人を養う牧会者」像に強力なインパクトを与えられたからにほかなりません。

関西労伝専任者として（一九五七年）

聖和卒業後、関西労伝の専任者として働くことになりました。私の任務は繊維産業女子労働者への伝道でした。十三の芦森工業、岸和田や綾部の紡績工場などでレクリエイション・リーダーとして受け入れられ、時間と場所を与えていただきました。

その他、キリスト者看護婦の集まりを組織するために努力しましたが、成功しませんでした。職種別の会の組織化には共通課題や、モチベイションが十分ではなかったのでしょう。また卒業したばかりの若者への信頼がもう一つだったのかもしれません。

次の年に関西労働者伝道後援会の派遣神学生たちが卒業し、金井愛明さんと、その後、夫となる平田哲は三津屋伝道所を、働く人の「家の教会」として共同牧会の開拓伝道を始めました。生活費は労伝からの給与でしたが、金井さんは淀川善隣館で、平田は「全文協」（全国労働者文化協会）にかかわり、共に新婚所帯をやり繰りしたことを思い出します。

三津屋伝道所時代に受洗された小坂昇さん、神崎川に移ってから池川重則さん、東本正三さん、井上清さんなどが受洗され、転入会など出席者も増えていき、ゼロからの開拓伝道でしたが、第二種教会・神崎川教会を設立できました。

そのころ、関西カウンセリングスクールが博愛社を会場に開講されていて、受付事務のアルバイトをしました。二年目には正式に八期生となり、専門コースに進み、同期生との研究会で学びを深めました。三年間で専門コースを修了。ミード社会館カウンセリングルームに配属され、日給三〇〇〇円でカウンセラーとしての修行が始まったのです。関西カウンセリングセンターが専門家による研修の場を提供してくださったこともあり、一瀬正央先生、浪花博先生、留学から帰国されたばかりの河合隼雄先生ほか、超一流の指導者に一人前のカウンセラーになるための基礎を教えていただきました。

「自死」にぶつかる

そのころ、神崎川教会の求道者にOさんという青年がいました。幼少のころから女手一つで育てられ、定時制高校に通いながら、S金属で働いていました。

Oさんの様子が変わり始めたのに気づいたのは、招かれてもいない教会員の結婚披露宴に出席したからです。多弁になり、様子が変なので、夫が案じて気遣うと、「徹夜してでも発明をして社長賞獲得するまで頑張る」と。躁状態でした。「潤ちゃん、義君の好きなケーキ買ってきました」と、夜更けに突然来宅。「兄チャンが来た、ケーキ食べに降りて来い」と二階に寝る子どもたちに無理強いしたり。あるときは「平田先生のため特大のハンコを注文してきました」と。十三のハンコ屋さんに支払に行く羽目になったり。また、ある時は夜中にタクシーでやってきて、「奥さん払っといて！」と命令口調。あまりにも度重なる行動異変に周りは振り回されていました。

そのうちに彼は気分が落ち込んでいき、鬱になった。Oさんの兄から連絡を受け、相談の結果、夫が彼を連れて精神科受診に行きました。結果は入院となり、鍵のかかるドアの向こう側に連れ去られる姿を見送るのが夫には辛かったそうです。数ヵ月後に退院して教会に来るようになってほっとしたのですが、お母さんの一周忌の日に自ら命を絶ってしまったのです。前日の夜、電話をかけてきた彼は明るかった。「奥さん、明日花をもってきてくれますか」と念を押され、「じゃ、明日ね」と打ち合わせが終わったのですが、翌朝早くお兄さんからの電話で、彼が縊死したと知らされました。

私はカウンセリングを学び、カウンセラーをしているのに、身近な人の異変に気づけなかった。うつから這いあがっていくときに自殺衝動に駆られると講義で、読書でその知識は持っていたはずなのに、Oさんの自死を防げなかったのです。

だれでも死んでしまいたいと思い詰めることがある。まさにその時、その思いに耳を傾けて聞いてくれる人が身近に居るかどうか、いのちの瀬戸際に寄り添ってくれる人がいるかどうか。その課題に突き当たる私たちでした。

「いのちの電話」とのかかわり

年中無休で電話相談を行う自殺予防の活動は東京で始まりました。大阪でも教区の職域伝道委員会主催で、台湾の生命線台北所長の鄭連徳牧師と、東京いのちの電話の大島静子さん（矯風会）を招いて「いのちの電話講演会」を大阪クリスチャンセンターで開催しました。

講演会直後に「いのちの電話設立準備会」が発足し、キリスト教各派の代表で組織され、平田も準備委員の一人で、私は事務担当でその会合に参加させていただきました。

この委員会は、のちにカトリック教会と合流し（エキュメニカル運動の先駆け）「関西いのちの電話」の設立への機運が高まってきました。

まず、相談員の養成講座を開講。資金面での工夫で準備委員が講座を一コマずつ担当し、会場は大阪ＹＭＣＡが、関西カウンセリングセンターはグループ研修を担当するなど、オール大阪で支援の輪が広がりました。委員たちは開局までの事務所探し、資金集めなど多岐にわたる準備を整え、一九七三年に関西いのちの電話が発足。夫は理事に、私は訓練委員を務めさせていただきました。

島之内教会での開局当日、資金集めのバザーが始まる前にチネカ神父による司会で関係者、ボランティア一同で、アシジのフランシスコの「平和を求める祈り」を唱和して開局式としました。

夫が関西セミナーハウスに就任することになり、京都へ引越し後も関西いのちの電話とミード社会館カウンセリングルームへは京都から通っていました。

京都いのちの電話設立

ロサンジェルス自殺予防センターのノーマン・ファーベロウ博士の「自殺予防講演会」（関西いのちの電話主催）の折、京都でいのちの電話発足の機運が盛り上がりました。一九八一年二月に発起人会、四月に第一期電話相談ボランティア養成講座、九月に二期生養成講座を開講し、一

社会福祉法人
「京都いのちの電話」

九八二年四月一日に京都いのちの電話を開局しました。一九八四年には厚生省から社会福祉法人の認可を得、年中無休・眠らぬダイヤルは一九八五年四月一日から実現し、今日に至っています。

いのちの電話の理念とは「良き隣人になる」ことであり（ルカ福音書）、だれでもが参加できる市民運動という位置づけを大切にしています。活動内容は、電話による自殺予防・防止です。基本線は、一　電話の掛け手も、相談員も双方匿名性、二　いつでも、だれでも、どこからでも電話を掛けられる広域性、三　相談の受け手は、規定の養成講座を受講したボランティアであること、この三つです。

電話による自殺予防・防止を市民運動としてボランティアが担うというのは、行政や専門家（精神・医療・心理臨床）との連携協力があって初めて自殺念慮のある人々への第一次予防なのです。私はこの働きに加えていただいて四五年が過ぎました。しんどい時、壁にぶつかる時、いつもこの活動で出会った仲間に支えや励ましをもらって立ち直る私です。

振り返れば

私の歩みは直接伝道ではなく、キリスト者の証になっていただろうかというものです。礼拝の牧会祈祷の中で祈られる「今日も世の人と共に働いている」立場への祈りが、私を支え、慰めてくれています。いまは高齢となり、教会役員を辞退し、それに伴い、長年の教区常置委員や教団総会議員も退いています。

私は、いのちの電話の仲間と協働の日々を重ね、京都いのちの電話事務局長、理事、研修委員の任務を果たしてきました。退任後は「緊急連絡」リストを外してもらって、常務理事として、京都府の自殺対策協議会委員、京都市教育委員会電話相談員研修、公益社団法人犯罪被害者支援センター理事、こどもセンター「ののさん」理事、京都府社会福祉協議会評議員などで、これまでの経験を活かせる場が与えられています。

主が派遣してくださったこのボランティア活動で人とのかかわりを大切に、「ために」ではなく「共に」成長していける仲間に恵まれて、この社会の周辺に押しやられている人々の訴えにこれからも耳を傾けていきたいと思うのです。

（京都いのちの電話常務理事）

北海道という「開拓地」で

橋本　左内

福音共同体・キリスト者平和の会・宗平協

岩倉の壮図寮で、一年先輩の矢島信一さんから労伝へ誘われて二つ返事で入会した。担当は「国鉄福音同志会」で、加古川の支部などの聖書研究に出かけたことなどを覚えている。壮図寮の副寮長であった平田哲さんが連合、洛陽教会で一緒だった金井愛明さんが総評担当であった。卒業を前にした金井さんから、「俺たちが現場へ出たら、従来型の教会ではなく、社会問題に関わり、平和を創り出す教会をめざそう」と提案され、約束したのであった。

一九五九年四月に赴任したのは、北海道の同志社系教会の中心ともいうべき札幌北光教会であった。まさに、従来型教会の代表ともいうべき存在であった。翌年は一九六〇年で「安保闘争」の波が教会にも押し寄せていた。北海道大学のキリスト者学生たちが、討論し祈った中から、短い決議文「街頭に出て我々の信仰を告白しよう！」のチラシを持って、札幌の全教会に共闘を呼びかけてきた。現在のシールズに共通するものがあった。多くの牧師・信徒たちは共鳴して、大通公園のＴＶ塔前の広場で、北海道で初めてと言われる宗教者の「政治集会」を開いたのだった。この出来事が、その後の私たちキリスト者と宗教者平和運動の原点になっている。

恵庭事件・長沼事件のルツボの中で

岸首相の強権で安保条約は強行採決―自然成立という情況の中で、一度、集まった多くの牧師たち、僧侶たちは身を引いていった。しかし、残った者たちは「憲法の学習会」を立ち上げ、来たるべき事態に備えることにした。その中から、既にある平和の会を参考にして「北海道キリスト者平和の会」（道キ平）をめざし、一九六二年八月に結成した。朝鮮戦争の危機に際して出発した「日本キリスト者平和の会」は、神学上の相違が原因で分裂状態にあった。そのようにならないように配慮して、一年がかりで「綱領」と「規約」の作成に着手した。その一二月に、恵庭事件が発生した。平和憲法を守ることを中心に据えて作業していたので、当然、この事件に積極的に関わることに決めた。会員の北大教授（憲法学）の深瀬忠一は「理論」で、弁護士たちは「弁論」で、会員たちは「世論」で（いわゆる「三論一体」）取り組んだ。すべてが初体験であったが、実直に取り組み、世論形成面で不可欠な存在となっていった。札幌地裁では野崎兄弟の無罪を勝ち取った。平和的生存権保障の第一号である。高裁と最高裁は統治行為論で逃げた。一方、長沼の馬追山で強行されていたミサイル基地に対して現地農民・教師たちが告訴し、福島裁判長の奮闘もあって、第一審は、第九条二項に違反するとの「違憲判決」が言い渡された。

北海教区総会で「恵庭事件を教区の宣教の課題として受け止める」建議案が可決された。川谷威郎議長はこれを教団にまで提案して議決され、長沼事件でも同様にしたのであった。取り組みの初めは、「あれはアカの仕業だ」と言われていたが、実績が認められて誹謗・中傷は消えた。

北星学園で民主・平和教育の追求

六一年から千歳栄光教会（岸本貞治牧師、後に羊一牧師）に赴任した。従来型としては、メッセージも牧会も信徒の交わりも上出来の教会であった。しかし、金井さんとの盟約はますます強くなっていた。教会の新しい在り方として「福音共同体」の構想が与えられた。そのことを生涯の同志となった西森茂夫さんに打ち明けたところ、それを来年度から、札幌で我々の手で始めようと、賛同以上の推進役を買って出られた。経済的補償はないままに決行した。札幌で最も安い掘立小屋の家を見つけて住まい、アルバイトを数個こなしながら糊口を繋いでいた。その一つであった酪農学園大学の時間講師の最後の朝に、琴似駅で松田平太郎牧師（当時、北星学園男子高校の宗教主任）に遭ったのが運命の岐路であった。新年度から倫理社会の教科が増えるので、採用の可能性があるというのだ。社会科の教師として勤めながら、平和運動を進めるつもりであった。

ところが、一〇年前に結成されて潰れた教職員組合を再建する課題も就職の条件の中にあった。組合を結成し、就業規則を決め、最初の年末を迎えたとき、用務員のおばさんから、「キリスト教学園だから毎年末にはプレゼントを頂きましたが、規程に基づいた今年のボーナスこそ本当のクリスマスプレゼントです」との声を聞いて報いられた。村山さんから教会幼稚園の理事長として組合代表と団交した時の非人間性のことを聞いた時、僕たちが創り出した組合は、教条主義的ではなく、人間性を基本にしたものであったと証言したのであったが、これからも大切なことであると思う。

姉妹校の北星女子高校は、創立一〇〇年になろうとするエリート校であったが、新設で後進の男子校は低学力を特徴とするような実態であった。それなのに進学校としてその生徒たちを叩き上げるという方針であり、生活指導が厳罰主義であったので、人間性を大事にする方針確立のため闘った。自衛隊就職者が出ると、隊員が「男子校の平和教育に勝った」ということまであった。

もう一つの姉妹校である北星学園余市高校は男子校発足の三年目に、余市町から学園に申し入れがあり、曲折を経て、積丹半島の付け根という一級僻地に建設された。余市校の教師集団のまさに「戦闘」が開始された。男子校の組合がそうであったように、余市校支部も組織率一〇〇パーセントであった。そうした団結なしには、あの激烈な闘いは不可能であったし、あの感動的な教育ドラマもあり得なかったのだ。その後、定員不足のデッドラインを越え、組合の余市支部の方から閉校提案が出される事態になった。その時、かつて長野の東雲旭高校の時と同様に、朝日新聞が関与して退学生に呼びかけて持ち直したのであった。その実践の中で象徴的存在であったY氏が、後に安倍晋三官房長官（当時）に声を掛けられてその道に走り、母校と恩師たちに後ろ足で砂を掛ける行為に出ていることは、北星関係者でなくとも許し難いことである。そして、今年も同じく定員を大きく割って、存続が難しくなっている。政府が「地方創成」を本気で施行すれば、十分に良い伝統を活性化できるのだが……。

北海道ノーモア・ヒバクシャ会館建設

道キ平に続いて「北海道宗教者平和協議会」をも結成し、地域の被爆者救援から取り組みを始めた。それは『ヒロシマの証人』（新書版，松田氏命名）として残されている。その内に、従来、施行してきた「北海道原爆死没者慰霊祭」が路線の相違で分裂したから、左右に捉われない宗教者が主催してまとめてほしいということで取り組むことにした。札幌市内の大寺院で、毎年八月六日に執行した。法要の後の懇談会の中から、被爆者会館を作ってほしいとの希望が出され、「平和のための戦争展」を参考にして、数年後に建設を決断した。建設委員会で「平和のレンガをあなたも一つ」（一口五〇〇〇円）のスローガンで進め、諸困難を乗り越えて一九九一年に落成することができた。広島・長崎の公立に続いて、民間立としては最初の「ノーモア・ヒバクシャ会館」が完成し、道民だけでなく道外・海外からも来館者を迎えている。

国際友和会から平和憲法を世界に

一九九二年に東京に出た。全キリスト平和会議で恵庭・長沼の報告をした時に平山照次牧師（山手教会牧師）に誘われていたので、右会館落成を期に実行した。しかし、運動の進め方が一致しないので袂別した。その後、東京・関東キリスト者平和の会を立ち上げて活動している。一方、日本友和会（ＪＦＯＲ）に属して、国際友和会（ＩＦＯＲ）の九〇周年総会（東京開催）の基調講演で、「日本国憲法第９条を世界の指導原理に！」を行い、総会で議決された。

私自身の求道は、イエスに導かれて神学部へ行き、そこでマルクスに出会い、宗教と社会科学の協働を求めてきた。ナグ・ハマディ文書によって「ローマ主義」から脱却でき、Ｊ・Ｄ・クロッサンの「ユダヤ人貧農の革命的生涯」と二宮尊徳に共通点を発見し、この二者の統一的把握と伝播に老後を懸けている。

（日本キリスト者平和の会代表委員）

労組に張り付く日々

森安　弘之

労伝インターンの頃

　一九六〇年三月、同志社大学神学部卒。その後、大学院修士課程で勉強していました。関西労伝で頑張っておられた先輩の金井愛明牧師から声がかかり、インターンをすることになりました。此春寮で一年間同室だった小柳伸顕君と話し合い、一応の分担として、彼が平田哲牧師のもとで大阪友愛同盟関係の、私が大阪総評関係の担当ということで始まりました。職場に出入りする窓口はそれぞれの労働組合で、特に日教組大阪教組。今はヨドバシカメラになっていますが、当時、大阪鉄道管理局の地下一階にあった国鉄労組大阪支部の組合事務所に出入りしました。すでに出入りするルートは確立されており、それ以前の先輩たちのご苦労が伺えました。

　その他、大阪市役所の中にある自治労大阪市職支部や、今はユニバーサルスタジオになっていますが、日立造船桜島工場の体育館に出入りし、造船労働者の聖書研究会に出席していました。三井三池炭鉱の大争議や、日教組の勤評反対闘争の直後、労働者、学生の反安保闘争の熱気の中で、そんな話題で終始していました。

また大阪の職場労働者を対象にした研究会が月一回位のペースで開催され、職種を超えた三〇名ぐらいの労働者が浪花教会に集まりました。一九六一年頃になると、堺のコンビナートの労働者に関西労伝も着目されて、働く人々とのつながりもできました。その後、金井牧師は釜ヶ崎の日雇労働の人たちを相手に西成警察の近くの四角公園前に「いこい食堂」を構え、炊き出しの活動に励む関西労伝となり、生涯を終えられました。釜日労が主催して追悼会を行い金井牧師にお世話になったことに感謝しました。

大阪総評　連合大阪で働いて

関西労伝で大阪をうろついている一九六〇年一一月に、学生運動の先輩であった田沢定男さん（故人）が大阪総評で頑張っておられる姿に接しました。大阪総評の事務所に出入りし始め、大阪総評への就職のことでお世話になりました。牧師になる熱意よりも労働運動に夢中になってしまい、就職第一号の闘いが福島区にある新東洋ガラスの工場閉鎖、一一六名の指名解雇撤回闘争で、正月を挟んでの百日闘争に張り付きました。

組合側の全面敗北に終わりましたが、貴重な経験でした。三井三池の大闘争を経験した三池オルグが入れ代わり立ち代わりの指導でした。「血と汗と喜びで我らが築きし職場を、我が力で守り抜かん！」と謳った大和田幸治・総評全国金属労組・田中機械支部委員長（故人）や総評オルグ・尾上文男先輩（故人）などに学びました。南大阪の全国金属、全港湾を中軸にした南大阪労働運動と行動に教えられ、労働運動の実際と、「労働者魂」や「団体交渉の進め方」「労働組合の組織化・組合づくり・組合実務」を身に着けていきました。三池争議の終結と炭鉱離職との関係で、大阪総評の書記オルグには三池炭鉱で働いていた労組の闘士や子弟が多くおられました。また、大争議を指導した委員長や活動家が多くおられ、種々雑多な職場の経験や雰囲気が伝わり、とても勉強になり、刺激的な職場でした。

一九六九年の此花区の塩水港製糖の首切り工場閉鎖反対闘争、一九七〇年代の地図を作る人文社の不当労働行為との闘い、首切り工場閉鎖反対で三越百貨店を相手どった三越家具の闘い、一九八〇年代の全港湾建設支部愛知工務店の偽装閉鎖首切り反対闘争など、多くの労働者と長期の寝泊りをしながら取り組みました。「地域労働運動」と称し、地域の労働者が労働組合の組織化や争議支援に産別を超えて一体になって共闘するという問題意識の再確認の運動でした。地域をゴキブリよろしくはい廻っていました。いつの間にか逮捕歴三回、家宅捜査四回、確信犯ですが、有罪一審判決二つの名誉ある勲章も国家からいただきました。イヤハヤ何と言っていいか。

一九九〇年、総評解散と連合の結成となり、連合大阪の職員となりました。今まで現場でいがみ合い、組織化を争い、犬猿の仲で、暴力沙汰も絶えない総同盟のみなさんと一緒になり、労働運動の考え方も一段と飛躍したものとなりました。平田哲牧師が総同盟の皆さんからとても尊敬されておられる存在だと知りました。

地獄の付き合い

連合大阪に移ってからは、組織化、労働組合づくり、職場での困りごと相談と会社との交渉、労働基準局や大阪府・市への会社に対する行政指導の要請などで飛び廻っていました。相談者の団体や個人など、生きた人間相手の喜怒哀楽、生活や雇用問題ですから手抜きは許されず、休日出勤や徹夜の相談や交渉も日常のことでした。「職場ではたった一人の合同労組の組合員で、会社は労働問題にまったくの無理解。組合力の非力もいいとこ」。地獄のどん底の苦しい日々の労働者に寄り添って会社との交渉に出かける時は、「地獄の付き合い、頑張ろう」と自分に言い聞かせ、歯を食いしばることもしばしばありました。

一九九八年、六〇歳定年後、嘱託勤務で七〇歳まで連合大阪高齢・退職者の会（近畿一三万人・大阪七万人の組織）の専従として務めさせていただきました。「生涯組合員化構想」と称し、定年で会社を辞めても労働組合員は生涯続けようという運動です。課題は高齢者の年金・福祉・医療の充実を求めて「明るい高齢社会を創ろう」と国会へのデモや選挙で頑張っている運動体です。近畿一円から一五〇〇人集まるハイキングも年一回、近畿六府県持ち廻りで今も行っています。私も生涯労働運動のサポーターの一員でありたいと諸集会に参加しています。

教会関係の職場労働者と

大阪地方ユニオン合同労組は、中小零細企業に働く労働者を組織して頑張っています。労働相談に来られた人を組合員化し、団体交渉の権利を確立して会社との交渉に出かけ、問題の解決を図っています。相談者に寄り添っての解決です。そんな活動のなか、教会関係の保育所や幼稚園、福祉施設に働く人たちの労組を比較的多く組織しています。園長や施設長の牧師さんを相手に団体交渉を数多く行ってきました。働く人たちを神々しいほど大切にされる牧師も多く、頭の下がる思いで感激する一方、労働問題にまったく無理解で、ほとほと困り果てる牧師さんもおられ、不当解雇撤回闘争に数年かかり、裁判で労働者救済となる例も多々ありました。関西労伝に関わった牧師さんたちは、この点とても立派でした。仏教の世界、お坊さん相手の交渉も同様でした。

失った宝物を探して

現代における関西労伝の役割や意義について記すべき原点であるはずの「キリスト教信仰」がどこを探しても見当たりません。毎夜、不肖の子が、父・森安忠之牧師の著書や聖書を紐解きながら、失った大切な宝物を探し求めている毎日です。また、ぶれずに一生を関西労伝に捧げておられる小柳伸顕君の信仰に敬意を表して、彼の姿を励みにしている毎日です。(元　連合大阪書記)

今思うこと

犬養　光博

一九六一年八月、「筑豊の子供を守る会」キャラバン隊の一員として筑豊の鞍手郡新延地区の三つの閉山炭坑住宅に入ったのが九州との出会いだと思い込んでいたが、実はそうではなく、一九六〇年の夏休みの一ヵ月、当時、同志社大学神学部三回生だったぼくたち三人（府上征三、武市有信、犬養）は職域伝道の実習生として延岡の「旭化成」に派遣された。ぼくは東海にあるダイナマイト工場で働いた。迎えてくださったのは延岡城山教会の種谷俊一牧師と、東海伝道所の芳賀康祐牧師だった。とにかくきつかったことだけは今でも覚えている。報告書を出しているはずだが、まったく記憶にない。労働がいかにきついものか、実体験させることだけが目的だったのかもしれない。六〇年安保闘争が終わったばかりの時、ぼくはどんなことを考えていたのだろう。

記憶に残っているのは地区で一泊二日の研修会が持たれ、講師の滝沢克己先生が創世記の話をされたことだ。内容は記憶にないが、会場からの質問に先生が丁寧に答えておられたのが印象に残っている。

ちなみに、東海伝道所は福吉伝道所と同じ年（二〇一一年）に閉鎖されている。

一九六三年四月、学校を一年間休学して、筑豊の一隅、田川郡金田町（現福智町）の閉山炭坑住宅に住み込んだ。そこで出会ったのは「元炭鉱労働者」と、その家族だった。

一九六四年四月、学校に帰り、卒業論文を書いた。その年は平田哲先生がアメリカへ研修に行かれ留守なので、神崎川伝道所に通って、一年間、説教をさせていただいた。

一九六五年三月、卒業と同時に結婚して福吉に戻り、四六年間、そこで歩ませていただいた。

ぼくが関わり始めた頃の関西労伝は組織労働者を対象にしていて、筑豊に関わり始めたぼくは「元炭坑労働者」つまり失業者のことを問題にせざるを得ず、かみ合わなかった。ぼくの方がまったく表面的なことしか分かっていなかったことが問題だったと思う。

金井愛明先生が堺のコンビナートから釜ヶ崎に関わり始められたことが関西労伝の一つの転機だったと言われているが、釜ヶ崎が筑豊と関わっていることを小柳伸顕さんから指摘され、ぼくにも少しずつ分かってきた。

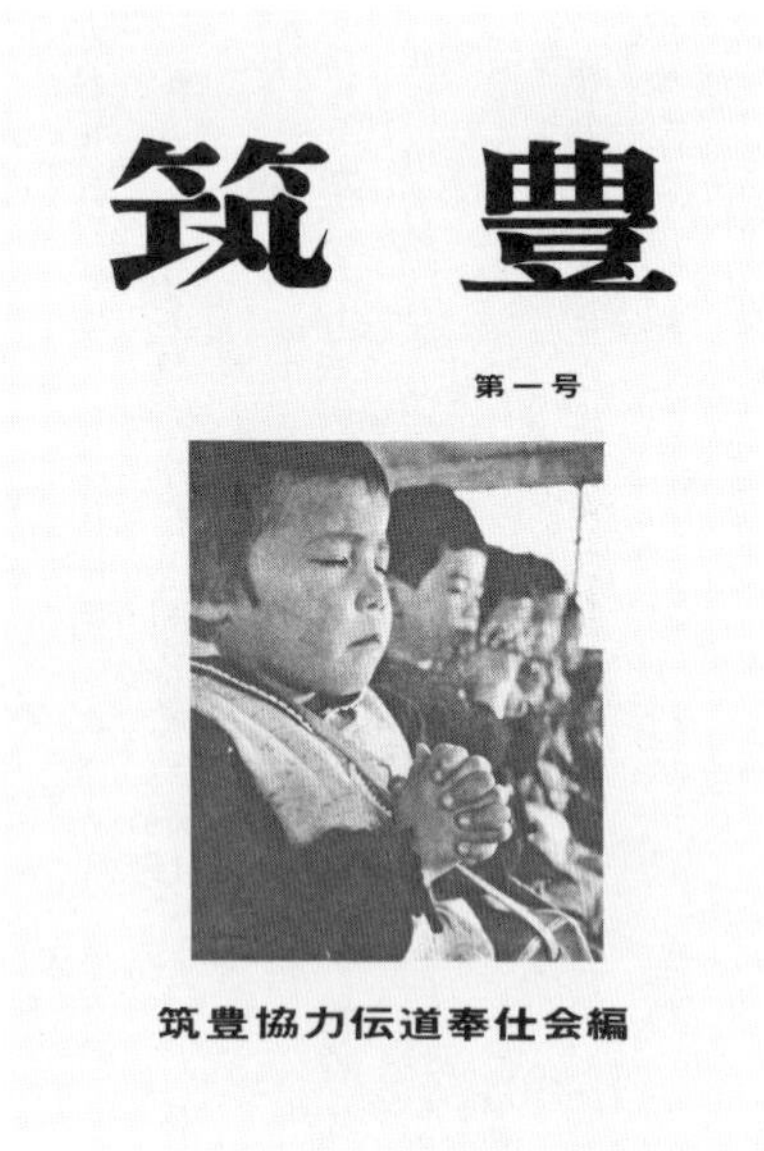

1969 年発行

例えば、総資本対総労働の闘いと言われた三井三池闘争は、一九五九年から一九六〇年にかけての闘争だったが、ちょうどその頃、福岡県が中心になって全国的に「黒い羽根募金運動」が起こっていた。筑豊のかわいそうな失業者を救え、と全国募金活動が行われた。救援物資や多額のお金が集まった。船戸良隆さんが筑豊を視察されたのはこの「黒い羽根募金運動」で集まった物資やお金を受けた地域だった。船戸さんは、「物やお金が動くだけではダメで、人が動かなければならない」と考えられ、「一番暇な」学生に呼びかけて「筑豊の子供を守る会」を結成されたのだ。

僕たち学生が筑豊にある教会の先生方に案内されて、当時もっとも貧しい閉山炭坑地区に出会えたのは、筑豊にある教会が、この募金で集まった様々な物資を、筑豊のもっとも貧しい地区に届ける役割を担っていたからだった。

三井三池闘争の意義を云々するつもりはないが、あそこで闘った炭鉱労働者に、筑豊の小・零細炭坑で働き、退職金どころか未払い賃金を残したまま閉山し、行く所がなくて筑豊にとどまって生活保護を受ける以外に道がなかった人々を、同じ炭坑労働者として連帯する気持ちがあっただろうか、と思う。岡村昭彦氏が「同情は連帯を拒否した時に生まれる」と言い切っているが、それがぼくの課題になった。

長崎県松浦市に移って、石炭とは縁が切れると思っていたが、松浦市には火力発電所が二つもあって（九州電力と電源開発株式会社）、オーストラリア等から石炭が大量に運び込まれている。大きなプールに石炭（粉炭）が山積みにされている。それればかりか、松浦市にもかつて幾つかの炭坑があって、福吉と同じような炭坑住宅が並んでいる。そして、長崎県も石炭産出県で沢山の炭鉱が存在していた。そんな中で、今、注目されているのは「軍艦島」と呼ばれる端島炭鉱だ。

筑豊にいる頃、「一に高島、二に端島、三に崎戸の鬼ヶ島」という言葉をよく耳にした。三つとも三菱鉱業所の経営する島の海底炭鉱で、圧制が厳しく一度入ったら島から抜け出すことができない、と恐れられていた炭鉱だ。

ところが、世界遺産に登録されたということがあって、長い間、無人島だった島が見直されている。軍艦島と呼ばれるのは戦艦「土佐」に外観が似ているからということだが、野母崎から見ると今でも軍艦そっくりの形をしている。

他のところでもそうだが、世界遺産になって、特に力が入れられるのが観光事業だ。島への上陸が許可され、観光船も五つの船会社が競争している。

観光ではなく、歴史や、現在に問いかける意味を提起している書物や映画も作られている。

そんな中でフジテレビが製作した「長崎物語プレゼンツ・軍艦島」を観て考えさせられた。その最後は次の言葉で結ばれている。


端島の人々は石炭から石油へと、エネルギー源を移行させた国の政策により、島を出て行きました。そして緑なき島と言われた端島は、今では緑が広がる環境にやさしい場所に変わりました。日本に於ける資本の問題、環境の問題、真剣に考えて行かなければ、これが私たちの未来になるのかもしれません。

『私たちはこの島の中で、音を聞かなければいけない。それは、この島の中に立てば分かります。音がないのです。』

『人がいなくなるという音を私たちは聞かなければならない』（字幕）

炭鉱の閉山により、時間が止まった軍艦島。そこには、現在の日本を作り上げた原動力と人々の暮らしが残っています。

最先端技術が集積し、人口も密集した土地で、豊かな生活を営む、それは未来を思い描いた場所だったのではないでしょうか。

この先には、どんな未来が見えますか。長崎県長崎市端島、通称軍艦島、この廃墟の島が語る未来に向けたメッセージに、今こそ耳を傾けてみませんか。

「人がいなくなるという音」に「耳を傾ける」とはどういうことなのか。少なくともこのよくできた記録にも「強制連行された朝鮮人・中国人」の声は聞こえていない。

林えいだいさんの写真記録『筑豊・軍艦島　朝鮮人強制連行、その後』（弦書房）や岡正治さんの綿密な調査、そして韓水山さんの大作『軍艦島上下』（作品社）によって掘り起こされている「軍艦島」の歴史の重要な部分が落とされてしまっている。そして、その対極にある国と「三菱」に対する糾弾も全く触れられていない。

そんな中で、「筑豊」も消されてしまうのではないか、と恐れを抱き、夕張在住の友人にその思いを語ったら、「夕張もおなじです」と言われる。そして「軍艦島」の例のように、大切な事実を消した上でまったく違うものとして甦えさせられる。

「関西労伝」の存在意味は、消される側に立ち続けて、国や資本に抵抗し続けることにこそある、とますます思う。

（元 福吉伝道所牧師）

エキュメニカルな交わりを力に

大津　健一

はじめに

　今日まで他の人たちと同じように多くのこと、多くの人々との出会いと学びを経験させていただいた。アジア学院の創設者・高見敏弘先生は、アジア、アフリカの農村指導者養成事業を「人への投資」と位置づけ、アジア学院のスタッフは今日もアジア学院で学ぶ人たちの将来の働きを期待し、人材育成に努めている。その意味で、労伝インターンもその人への投資だと言える。

　妻と僕はそれぞれの大学を通して一九六〇年代の全国規模のキリスト教学生運動「筑豊のこどもを守る会」に属し、その運動の中で出会い、今日まで人生を共にしてきた。日本経済の高度成長時代に、石炭から石油へのエネルギー転換政策による炭坑の突然の閉鎖は、多量の失業者を生み出した。その中で、貧しくされ、苦悩する人々の生活をこの目で見てきた。見てきたことを忘れないためにも、筑豊の経験は僕の人生の原点だと考えている。また、僕の筑豊の経験は不十分なものであったが、この出会いを通して人々の悲しみや苦しみに寄り添って生きていく人間でありたいと願った。

これまでの歩みの中で僕と妻は同じことをしてきたわけではないが、僕の決断によって家族の生活が左右された現実の中にあって、妻から「これまであなたに従うだけの私の人生は何だったのか?」という厳しい問いかけを受け、僕の考え方や生き方を変える経験をした。アジアキリスト教協議会（CCA）幹事在任中（一九八六～九四）の三年間、タイに住み、妻はパヤップ大学の学生に日本語を教え、学生からはタイ語を学んだ。日本に帰国後、日本に住むタイ人女性の支援を続け、僕の仕事で東京に転居した時は、日本キリスト教婦人矯風会「女性の家HELP」の働きや女性グループをつなげる役割を担ってきた。他者と共に生きることが大切だと大上段に構えながら生きてきた僕は、最も身近なところで僕も生き、妻も生きる生き方を模索してきた。

関西労伝インターンとして

同志社大学神学部三年次を終えたところで、果たしてキリスト教は人を生かす力になるかという問いの前に立ち、一年間休学して筑豊の鞍手郡七ケ谷の閉山炭鉱に住んだ。そして大学に戻った四年次に関西労伝インターンの機会を与えられた。当時、関係者には、元専従者の金井愛明先生や平田哲先生、専任者の小柳伸顕先生などがおられ、僕が労伝の働きに興味を持ったのは、これらの人たちによる。僕は、当時、大阪同盟の労働者教育を担っておられた平田哲先生の指導のもとに労伝インターンをした。平田先生は、大阪同盟の労働者教育事業を担い、北大阪労働者学習サークルや泊まりがけの労働学校開催を指導し、実施されていた。特に北大阪労働者学習サークルはその地域で活動する労働組合幹部との出会いの場であり、交流の場でもあった。労働学校開催の案内ポスターを組合幹部の人たちと地域の電柱などに張って回ったことや労働学校終了後の交わりは、より深く互いを知る機会であった。

同志社卒業後、家族とともに山田市の閉山炭鉱に行き、市が誘致したバネ会社で働いたが、生活保護費と変わらない賃金の低さに抗議して職場の仲間と労働組合を結成したのは、労伝インターンの経験があったからだと考えている。さらに平田先生は「家の教会」という考え方に立って、日曜日は神崎川伝道所（のちに神崎川教会となる）牧師として自宅を開放して礼拝を守り、地域に開かれた教会形成の努力をしておられた。労伝インターンと同時に、日曜日は神崎川伝道所の働きを手伝った。平田先生の在り方は、牧師は教会内の仕事を担うものという牧師像を打ち破るもので、僕は多くのことを平田先生の生きざまから学んだ。

労伝委員会は、月に一度浪花教会に集まって開かれた。委員には専任者と共に三好博先生、竹中正夫先生などがおられ、専任者やインターンの報告を聞き、必要な事柄については協議する形が取られた。委員会の中心に既成教会の指導的牧師や神学校教師がおられたことは、労働者伝道を教会の宣教の業として位置づけ、それに神学校が連携していく形が取られたことを示している。

また、労伝インターン募集を、同志社、関西学院、聖和（現関西学院）各大学に広げてなされていた。このように委員会は労伝インターンが、将来、他の人と一緒に連携して働く大切さを体現する機会を与えたと考えている。労伝インターンの経験は、将来、牧師として働きたいと考えていた僕に、教会との関係を大切にしながら教会という枠内にとどまらず、教会の枠外にいる貧しい人々や下請け・孫請け労働者、そして外国籍住民に目を向ける在り方を促した。

アジアの農村開発の現場を訪ねる

教会の枠を超えて働きたいと願い、同志社卒業後の第一歩として家族と共に筑豊閉山炭鉱に行った。すでに福吉におられた犬養光博先生などと相談して、僕たちは山田市尾浦の閉山炭鉱に住むことになった。そして生活費を稼ぐために、閉山地域に誘致されたバネ会社で働き、労働組合をつくったのは先に述べたとおりである。その後、しばらくして父の問題で京都に帰ることになり、筑豊での生活を頓挫せざるを得なかった。そしてその後、京都の絨毯会社の倉庫で働きながら今後の在りようを考えていたときに、竹中正夫先生の推薦で倉敷教会伝道師に紹介された。既成の教会には行かないと言っていた僕は、この推薦を受け入れた。筑豊と言い、倉敷教会の経験と言い、自分の信念の弱さを露呈した経験であった。

その後、米国太平洋神学校で勉強する機会が与えられ、黒人神学に触発されたアジア・アメリカ人神学（Asian American Theology）を学んだことは、僕にとって大きな収穫であった。ロイ・

サノ教授のクラスで、「神学は、人々が受けてきた苦難の体験を神学化することである」と言われた言葉は衝撃的であった。それまで受けてきた神学教育は、ドイツ神学主流の「教会の学としての神学」という教えであった。帰国後、関西セミナーハウスや西陣市民センターで働き、同時に生野や釜ヶ崎、東九条、指紋押捺反対運動などのエキュメニカルな取り組みに触発され、貧困、人権抑圧などの問題に直面するアジアに関わる仕事がしたいと願った。当時、日本キリスト教協議会（NCC）総幹事であった前島宗甫先生がアジアキリスト教協議会（CCA）開発奉仕委員会担当幹事に推薦くださり、シンガポールオフィス（当時のCCA本部所在地）を基点に働くことになった。この間、アジアの国々の教会や教会が担う農村開発プロジェクトの現場を訪ね、開発教育、環境、難民、障がい者、保健問題などに関わった。シンガポールでは、シンガポール政府によるCCAオフィスの即日閉鎖命令及び外国籍スタッフの国外退去命令（註「CCAシンガポール事件」参照）が出され、開発独裁の国の厳しさに直接触れた。退去命令数日後、シンガポールのアメリカ大使館やドイツ大使館から「わたしたちに何かしてほしいことはないか」との電話を受け、シンガポール政府によって凍結されているCCA保有現金・預貯金の即刻解除の要望を出し、その翌日、シンガポール政府から凍結解除の連絡を受けた。この時、アメリカ

CCA 発行

の教会やドイツの教会が自国の政府を通してシンガポール政府に働きかけてくれたエキュメニカルな連帯の力を強く感じた。さらにＣＣＡ在職中、アジアに関心を持つ国内・海外の教会青年や若者と出会ったこと、そして今日の彼らの働きを知ることはこの上ない喜びである。また、その後、ＮＣＣ総幹事として働いたことはエキュメニカルな交わりの大切さを学ぶ素晴らしい経験であった。そして、二〇一五年三月まで最後の仕事としてアジア学院の校長として働き、現在も理事長として関わりを続けている。今までの歩みを振り返って考えるとき、多くの人たちのサポートを得て、今日の自分があると考えている。一直線の道を歩んできたわけでなく、横道にそれたこともあった。しかし、その僕を信じて支えてくださった方々や、僕を用いてくださった神の力があったと信じている。そして、労伝のようなエキュメニカルな働きを通して、ＮＣＣ、ＣＣＡ、ＷＣＣ（世界教会協議会）などの場で働く青年が出てくることを願っている。

（アジア学院理事長）

（註）　ＣＣＡシンガポール事件
　一九八七年一二月三〇日早朝、シンガポール政府によるＣＣＡオフィス（本部）の即日閉鎖命令が出され、機動隊が導入された。ＣＣＡ保有資金の凍結及び資料持出し禁止、二週間以内の外国籍スタッフの国外退去命令が出された。ＣＣＡが「解放の神学」の奨励と、その活動家を育成しているというのが処分の主な理由であった。

農と自然、他者との出会い

荒川　純太郎

閉山炭住のこどもたち

関西労伝インターン制度については、何人かの先輩の経験を聞いて関心を寄せていた。さらに実践神学の藤井孝夫教授の勧めもあって、関西学院大学神学部大学院一年の時に応募した。

今となっては詳細な活動内容は思い出せないが、当時の専任者の一人・平田哲牧師の指導下に入り、主に同盟の労働組合に出入りしていた。東淀川地区での労働学校のお手伝いをして、そのニュースレター発行の仕事をさせてもらったことなどは懐かしい。

また、日曜日には神崎川伝道所の「家の教会」に出席し、「House Church」と言われていた礼拝や集会の活動に触れて、既成の教会の在り方を問う新しい宣教について学ぶ機会を得た。

労伝委員会に出て活動報告や、時折回ってくる聖書研究の発表等にはいつもたいへん緊張していたことを鮮明に覚えている。

まず、インターン経験をさせてもらったことと、そこで出会った関係者に深く感謝の意を表したい。どなたもたいへんユニークで、見識の深い個性的で魅力ある方々だった。多面的に影響を受けたことを想起している。多くは同志社大神学部関係者であったが、その人間関係の中に関学大の学生として紛れ込んで、時には冷や汗をかきながらも、仲間に加えられていることを喜びとしていたことを懐かしく思い出している。

自分の人生を振り返る時、大きな起点となったことに当時の「筑豊の子供を守る会」（学生ボランティア活動）がある。何もわからないまま出かけたエネルギー革命の影響をもろに受けた筑豊炭鉱、荒れた閉山炭鉱住宅に残された子供たち、さらにその背景にある問題に出会った時の衝撃は忘れることができない。頭を「ガーン」と鉄棒で殴られたようなショックで、自分の中で人生の方向が大きく変わったことを鮮明に思い出す。そのまま六年間、関わりを続けた。

しかし、いま改めて振り返ってみると、筑豊キャラバンの体験もさることながら、関西労伝インターンのこの一年間の体験がその後のわたしの人生に大きく影響していることもまた明確である。「関西労伝」というフィールターを通して振り返れば、どの断面をとってみても自分の歩みに大きな影響を受けてきたことを確認することができるのだ。それほどに関西労伝の働きと、その先輩方から与えられた豊かな見識、物事の見方や取り組み方などを学び、わたしの大切な宝物になったということである。さまざまな現場で日本の資本主義社会を最底辺で支えてきた労働者の現実の一端に触れ、矛盾構造の中で何が問題で、それがどこに起因し、誰が犠牲になっているのか、などを多角的、構造的、批判的にとらえる視点の重要性を学ぶことができたのである。

インターン後の歩みと現場

わたしが歩んできたその後の道を自分なりに括ると、凡そ次のようになる。

（一）都市伝道―島之内小劇場―（一九六七～一九七〇年　島之内教会）
（二）労働者の下町で（一九七〇年～一九七八年　大阪市大正区伝道所）
（三）ＫＵＩＭ（関西キリスト教都市産業問題協議会）事務局活動
（四）東マレーシア・サラワク州イバンメソジスト教会への宣教協力（一九七八～一九八二年）
（五）生野区での新たな体験（一九八二～一九八五年　大阪聖和教会、聖和社会館・保育所）
（六）ヒロシマ・廣島・「アジアに学ぶ会」（一九八五～一九九八年　広島牛田教会）
（七）中山間地域の農村へ「共生庵」の試み（一九九八年～現在）

その中から以下三つの体験を垣間見る。

ＫＵＩＭ（関西キリスト教都市産業問題協議会）事務局活動

活動には比較的早くから参加していたが、そのうちに事務局を担当するようになった。小柳伸顕さんや前島宗甫さんたちと釜ヶ崎での越冬パトロールなどの活動に加えてもらうようになり、ここでも多くの体験と出会いがあった。貴重な体験を十年間にわたってさせてもらうことになった。NCC・URM日韓交流にも参加の機会があった。宣教師ロン・藤好さんとも一緒に活動する機会が増えてきた。

彼が主宰する形でアジア・スタディー・ツアーがKUIM関係者を中心に行われた。その第二回目に参加。当時、独裁政権下の戒厳令がひかれるアジアの現場を五～六カ国訪ねたが、この訪問国の一つに東マレーシア・サラワク州があった。熱帯多雨林ジャングルで共同生活する少数先住民イバン人のログハウスに出かけた。

サラワクを離れるとき、イバンメソジスト教会の総会議長が言ったことが忘れられなかった。「見てごらんのとおり、日本の商品は私たちの生活の隅々にまで押しかけている。でも、日本からひとはやってこない。経済大国・日本はどうなっているのか？」と問うたのだ。

我々と共に働こうという日本人はまだ誰も来ていないというのだ。その背景にはすでにアジア各地（インドネシア、タイ、台湾、フィリピン、韓国など）から宣教師が遣わされ、欧米の宣教師とイバン人牧師を加えたグループ・ミニストリーが展開されているということがあった。

わたしはこの多様な国の人たちがチームを組んで現地のイバン人と共に宣教活動を展開していたことにとても心が動かされた。このチームの一員に加えられ、働けたら素晴らしいだろうなと思ったのである。

もうひとつは、広大な大自然のジャングルの豊かさに魅了されたこと。大自然と共生するイバンの人たちの共同生活、ライフスタイルにあこがれた。実はそんな淡い気持ちをコーディネーターであったロン・藤好さんにふと漏らしたことがあった。それが二年ばかり後になって、彼から「あの時の思いはまだ持続しているか？」との確認がきたのである。

イバンメソジスト教会への宣教協力（一九七八～一九八二年）

突然の申し出に困惑したが、行きたい、でも自分にできるか、家族はどうか、自信がないなど、独りで悶々と祈り悩み続けた。しかし、挑戦してみたいという思いを抑えきれず、二ヵ月ばかりして連れ合いに話を持ち込んだら、「行きましょう。神様のためなら行きましょう！」とふたつ返事で即答が返ってきた。これで決まりだった。

何の組織もなく、突如降って湧いたような話に、当時の教団総幹事・中島正昭さんから「暴挙だ」と言われたほどであった。そこから支援会づくりが始まった。結果的に「荒川純太郎さんの東マレーシア宣教活動を支援する会」が神戸学生青年センターを事務局に発足した。代表・前島宗甫、会計・辻建、三原正敏、委員・三好博、小柳伸顕、藤原一二三、小池基信、保田茂、ロン・藤好、仲本幸哉、という態勢でスタートした。

支援会事務局と賛同者には関西労伝やＫＵＩＭ関係者が多く名を連ねてくだった。急ごしらえながら、年間一五〇万円を目標にした募金は四年間で一四〇〇万円も捧げられ、当時、日本キリスト教団世界宣教委員会の活動ではすべて円建てで支援活動ができた最初のケースとなった。帰国報告会の折には、二年間にわたって『福音と世界』に連載された現地発のレポートが支援会の手によって編集され、『アジアの地下水』―サラワクの自然と人々―（新教出版社）となって刊行されていた。支援会の「サラワク通信」を見返しても、この支援組織はそうそうたるメンバーで構成され、身に余るわたしの誇りであり、宝物となっている。

共生庵全景

中山間地域の農村へ「共生庵」の試み（一九九八年～現在）

広島で一三年務めた牛田教会牧師とあやめ幼稚園園長を一九九八年三月末で辞任。既成の教会の枠を抜け出して、とりあえず広島県中山間地域の農家に借家、借地を得て移住した。一年八ヵ月後、これでは思うようにできないので、共生庵の拠点を、現在の広島県三次市三和町敷名の中山間エリアに古い農家・田圃・畑・裏山を求め、移住した。

「共生庵」とは

そこで始めたことは、いわゆる農・自然体験ができる体験型日帰り／宿泊施設であった。しかし、単なる農と自然に触れるだけの場ではなく、そこから多くを学び、体験を通して他者と出会う、あるいは自己に新たに出会い直して、人間性の回復をめざすというステップが設定されている。「出会いと黙想」のふさわしい環境づくりと、「そのためのプログラム」（地球市民共育塾）の提供が目標になっている。

「リトリートハウス」（Retreat House）

次に共生庵のもう一つのキーワードに「リトリートハウス」がある。リトリートとは「退く、後退する、逃げる」という動詞。名詞では「退却（の合図）、後退」さらに「避難所、隠れ家」など。また、カトリックの「黙想」（期間）という意味がある。リトリートは、日常からしばらく退き、静かに黙想、癒しを求めながら、自らを立て直すことを示している。そういう意味で「共生庵」は自分らしい人間性を取り戻す時空間を提供していると言える。気分を変え、リラックスするのには日常生活から抜け出し、自然の中に身を置いてみる「非日常性」が重要。心と身体のアンバランスや歪んだライフスタイルなどを修正することに有効である。

十字架のない教会

わたしは、この村の中ではキリスト（教）さん、牧師さんと言われ、認識されている。しかし、この共生庵は既成の教会ではない。何より「十字架のない教会」として存在している。わが農家の屋根や共生庵の看板に十字架を立てることをしていない。特に要請があるとき以外は、日曜礼拝もしていない。現代の新しい宣教の在り方を模索する先駆的な教会であると自負している。しかし他方で、共生庵に一番近い小さな甲山教会（車で二五分）を支えるために主任担任としてできるかぎりのお手伝いもしてきた。

以上のように関西労伝インターンの経験から始まって現在に至る歩みを垣間見ることができたが、特に関西労伝で教えられた、批判的視点、構造的思考、抑圧された人たちへの視座、複眼的思考、などがここで養われ、しっかりと自分の中で大切なものとして形成されてきたと思う。そのことが今の自分の基盤となっているという思いを強くしている。この伝統が今後も継続され、若きキリスト者が課題多い教会の現場に風穴を開ける存在となって育つことを願っている。

おわりに

振り返って強く思うことは、インターン経験で敷かれたレールの延長線上に、確かにいま、ここに共生庵があるということである。現代キリスト教（教会）へのささやかな挑戦、新たな試み、提案の一つにでもなれば幸甚だという願いである。人が自然に触れる、その中に身を置いてリトリートする、神と対座して黙想する、具体的に身体を動かして土に触れ、山に出向き、安全な食物を作って食するという、身体で感じ取る感性を研ぎ澄ますことが、いまわたしたちに求められているのではないか。このような試みが各地で自由かつ多様な形で展開されることが現代社会に求められているのではないか。人はホリスティック（holistic）な存在である。そのために、キリスト教（教会）が率先して、時には既成枠から解放されて農と自然に触れ、新たに他者と出会い、神と黙想し、自らが新たに創り変えられる、そのような道を模索して踏み出していける動きが期待される。

（共生庵主宰）

新たな関係づくりをめざす神の宣教

西岡　昌一郎

関西労伝の目標

今回、原稿の執筆を依頼されて、しばらくぶりに竹中正夫編『働く人間像を求めて　関西労伝ノート・その二〇年』（一九七八年、新教出版社）を書棚から引っぱり出して、読み返した。それによれば、関西労伝の発足当時のいきさつは以下のようなものとなっている。

戦後、日本基督教団が進めていた「職域伝道」は、従来のインテリ中産階層の伝道から「勤労者大衆」への伝道をめざすものだった。これは日本の教会がインテリ中産階層から労働者階層への伝道へとウイングを広げる狙いがあった。三井　久は、一九五六年、関西で発足した労働者伝道とは、それまでの「職域伝道」を超えて、関西の若い牧師と神学部・キリスト教教育学科をもつ大学の大学院生たちが、組織労働者の労働現場との関わりを求めて、以下を目標とするものであったと指摘している（前掲書二四五ページ、カッコ内はわたしの補足）。
（一）　労働組合と接触し、労働者の要求に応える（文化活動や調査活動）
（二）　組合活動をしているクリスチャンによる組合運動の研究
（三）　労働者の教会の育成（後の「家の教会」）
この動きは、当時の日本の産業界が高度経済成長期にさしかかっていく時期と符合していた。この伝道は、労働者に対する「直接伝道」なのか、それとも「間接伝道」なのか、またそのどちらが大切なのかという議論があった。しかし、竹中正夫によると、そうした問題の分け方自体が、そもそも福音のとらえ方の不十分さを示しており、この取り組みは「世界の全領域における全人間性の回復」「社会正義に関わる神の働きへの参与」「教会のミニストリーの新しい役割」を意味するものとして理解されるものとなった（前掲書三一七〜三一九ページ）。

さらに竹中正夫は、関西労伝の特徴として、「ボランタリーなムーブメント」「スペシャライズ・ミニストリー」「インターン」「国際的な協力」という四点を掲げている（前掲書三二五〜三二七ページ）。

この「労伝の神学」は、やがて未組織労働者、とりわけ日雇い労働者として働く釜ヶ崎地域への関わりへとつながっていく。同時に、エキュメニカルな都市農村宣教（ＵＲＭ）というアジアの視点から生野地域に暮らす在日韓国朝鮮人の課題への関わりにも発展していった。これらのものは、差別と人権に関わる人間性回復と社会正義実現のためのミッション（神の宣教）として、積極的な意味を持つものとなっていった。

わたしの場合、生野地域にある在日韓国基督教会館（ＫＣＣ）が受け入れ先となって、関西労伝のインターンとして働いたのが、一九八〇年四月からの一年間であった。これに至る大きな背景としては、一九七〇年代、韓国で起きた民主化運動に当時の日韓のキリスト者が大きな役割を果たしていたことに触発を受けたこと、また一九八〇年代に入って日本基督教団と在日大韓基督教会との宣教協力関係が始まろうとしていたことがあったように思う。また外国人の指紋押捺拒否運動が展開されたのも、ちょうどこの時期からのことであった。インターン終了後も、一九八五年三月、わたしが関西を離れるまでの都合五年間、ＫＣＣとの関わりは続き、生野地域活動協議会、ＳＣＭ現場研修、ＮＣＣ青年協議会の活動などを通して、生野地域にある在日韓国朝鮮人やキリスト者たちと活動を共にしていったことは、自分にとって大きな経験となった。

現場に立って

わたしが関西労伝を通して経験できた「伝道」とは次の三点であった。

第一に「労伝」から経験したのは、地域という「現場」に立つという視点であった。それまでのわたしは、机上での議論に陥っていた。しかし、地域に根ざしながら、その現場から物事を発想することの大切さを学んだ。現場を踏まえない活動は、やがて上滑りしていく。このために「現場を知り、現場に聴く。」という教会の姿勢を大事にしていきたいと思うようになった。

第二は、当時の関係者たちの言葉をそのまま使えば、「労伝は人脈」だということである。「人脈」と言うと、少し誤解を与えるかもしれない。別な言い方をすれば、それまでになかった人と人との新たな出会い、さらには失われていたものが見出されて関係回復へと至るつながりのことである。同じ日本社会に暮らしながら、日本の植民地時代からの歴史を背負って生きてきた在日の韓国朝鮮人との出会いは、当時のわたしにとっては本当に衝撃的で鮮烈な出会いであった。聖書的に言えば、自分自身にとって「隣り人」を見出す、初めての経験となったわけである。わずかな期間でしかなかったにもかかわらず、生野で得た人々との出会いと関係は、その後の自分の人生にとって大きな宝になった。

第三に、その出会いと関係作り、つながりのために学んだことは、この地域の中で生きている人たちの現場の話に聴き、そこで起きていること、その悩みや痛み、無念さを知り、それに学ぶ

2015年11月24日　労伝ニュース１５６号　1

労伝ニュース

発行
関西労働者伝道委員会
大阪市中央区高麗橋２−６−２
日本基督教団浪花教会気付

「人脈」としての労伝

西岡昌一郎（旭川六条教会牧師）

わたしは、1980年4月から1年間、大阪生野のKCC（在日大韓基督教会館）で関西労伝のインターンをしました。専任の小柳伸顕さんから、「生野に行ったら、まずは在日大韓教会の青年たちと友達になればいいよ」と助言されました。当時は、日本の教会と在日大韓教会の青年との行き来はようやく始まったばかりでした。小柳さんは、生野地域の「問題」に気負って向き合う前に、具体的な関係を作ることから始めよと言ってくださったのです。また、館長の李 清一さんには「この地域を歩きなさい」と言われました。実習最初にしたことは、ひたすらあてもなく地域の中を足で歩き回ることでした。4月にしては暑い日差しの中を、汗をかいて歩きました。

このお二人の助言は、今も、わたしの「戒め」です。当時、「労伝とは人脈を作ることだ」と言われました。その表現の是非は別として、問題と向き合う前に、現場の人と触れ合い、つながろうとする関係作りを学びました。そして現場から聴くことを学んだのです。

実際、その一年間で出会った人たちとの関係はその後の自分を大きく決定づけました。そこで出会った人たちの中には何人ものキリスト者がいました。生野の地域にかかわって活動している彼らの後ろ姿を見て、やがて自分が牧師としての道を歩むことを決めたのも、この生野の現場でした。

わたしが属する日本キリスト教団北海教区では、長年、アイヌ民族の人たちとの出会いとつながりのために、息の長い活動を続けています。とりわけ教区アイヌ民族情報センターは、文字通り、この働きの中心となっています。

24年前、わたしが初めて北海教区の牧師研修会に参加したとき、アイヌ民族の人が、ご自分の経験を語ってくださいました。それは、本来なら言いたくもないはずの被差別の経験を含んだお話でした。しかも、わざわざ和人の牧師たちのために、ご自分をさらけ出して語ってくれたのです。わたしは涙が出ました。この牧師研修会では毎回、かならずアイヌ民族の人たちからお話を聞きます。長く侵略と同化を強いてきた和人たちに向かって、それでも話をしに来てくれる関係性が成

労伝ニュース（No.156）

ことだった。そこからひとつの関係が生まれ、失われて久しく途絶えていた関係の回復が始まるということだ。もちろん、それで何かの解決や結論が出たわけではないかもしれない。しかし、相手の語るところに耳を傾けて聴くということは、すべての関係の始まりでもある。むろん、そこに相互の信頼がなければ、対話は成立するはずもない。自らの傷をも含めた事柄を話し、聴き合える関係が成立することそのものが、関係回復のための一歩である。それによって、ようやく、いっしょに何をなすべきかを考え始め、行動し、働くことで、たがいが隣人となって生きていくことになるのだと思う。

このことのひとつが、今日、日本に暮らすすべての外国人住民の権利を総合的に保障するための「外国人住民基本法制定運動」としてエキュメニカルな形で具体化されてきた。こうした活動が成り立つ関係の広がりは、四〇年近くの歳月の中で見ていくと、明らかに大きくなったと思う。日本のキリスト教そのものがマイノリティであるために、日本社会全体を大きく動かすほどのものではないけれども、それでも相互の関係とつながりは少しずつではあるが前進してきている。逆に言えば、マイノリティだからこそ、忍耐強く続けてこられたのかもしれない。

北海教区とアイヌ民族とのつながり

現在、わたしが遣わされている北海教区でも同じことが言えると思う。北海教区では、長年、アイヌ民族の権利回復運動のために、北海教区アイヌ民族情報センターを中心に地道な活動が継続されて、二〇年になる。北海教区は、アイヌ民族に対して「直接的な伝道」を行っているわけではない。和人とアイヌ民族との間の引き裂かれた関係、収奪と差別の歴史を思う時、「伝道」以前の段階として、このことの認識と反省なしには、相互の信頼と関係回復に至ることはないであろう。

この点については、たとえばカナダの教会が先住民族に対する伝道を行った歴史を思い起こす。かつてカナダの教会にとって、先住民族をクリスチャンにするということは、英語を話せるカナダ人に同化させることだったと聞いたことがある。のちにカナダ合同教会は民族の歴史とその尊厳性や主体性を奪い、否定してきた歴史とその罪責を謝罪した。また、それゆえに先住民族の権利回復と和解のための活動を先住民族といっしょに続けている。現在、先住民族は、この謝罪の受け入れを留保して、カナダ合同教会の謝罪が本当のものかどうかを見極めようとしているとのことだ。

同様に、日本の教会もかつてアイヌ民族への伝道を行ったことがあったが、それが結果として和人への同化政策につながるものとなった歴史がある。いま、北海教区が取り組もうとしているのは、アイヌ民族の人々の痛みに満ちた声に耳を傾け、和人が何をして今に至ってきたかの検証作業である。北海教区のわれわれのために、傷みをも含めた自らの経験を話してくださるアイヌ民族の人たちが大勢いるのを思う時、そこに成り立っているつながりは、和解と関係回復という歴史的課題に至るための不可欠のものである。アイヌ民族の歴史と現実にきちんと向き合い、彼らの声に聴き続けることが必要である。このようにして、北海教区とアイヌ民族とのつながりは細い一本の糸のように、しかし、それでも途切れることなく続いている。このつながりは北海教区にとっての大切な財産である。その積み重ねの中から、互いに行動して働いていく力が生み出されるのだと信じたい。ここにお互いの溝を埋める「神の宣教」が始まっていると言えるのではないか。

前掲書二二一～二二三ページには、「労働者伝道の使命草案」が記されている（金井愛明）。その「基本的考察」の中に、「（一）伝道の主体は、歴史の中に働いておられる神ご自身である。キリスト者は神の働きに応える者、神の愛の業に参加する者である。（二）神の働きは、社会の全人格的な関わりの中に、全領域においてなされる。」と記されている。さらに「労働者伝道は、教会の働きを延長するものであり、働く人々の生活の問題に対する教会の関心を表現している。」とある。

いずれもキリストにある人間性と失われた関係性の回復をもたらす神の働きへと連なることが「労伝」が目指すべき「神の宣教」であると言うことができる。

（旭川六条教会牧師）

社会の闇に抗って――大阪・生野から――

鍬本　文子

パート労働の体験

関西労伝と出会ったのは大学一回生の夏、福祉現場でのボランティア体験が課せられた宿題のおかげです。私は、アルコール依存の人たちを支援するために宿泊や就労支援、図書と喫茶室を展開しておられた釜ヶ崎の「喜望の家」で小柳伸顕先生と出会ったことがきっかけとなりました。そのあとも足繁く通いながら、この地で働きたいと願うようになっていた私は、小柳先生から指導を受けました。ちょっと来て、無責任な関わりをすることに対するものでした。等身大の自分と、足元をしっかり見つめ直すこと、この大切さを知らされました。

その後、半年間、コンピュータの配電盤のパート労働者として働きました。何通もの手紙を出す中で、今の状況をきちんと記録しておくことも小柳先生から指摘されました。いただいたお手紙は今も私の宝です。

パート労働とはいえ、朝八時半から夕方五時半までひたすら配電盤のチェックをしたり、洗いをしたりという仕事は徹底的に管理されていて、誰が、いつ、どの仕事をして、どこでミスが出て返品になったか追及される仕事でした。仕事の効率を上げるためにどうすればよいか、ＱＣシステムを導入していました。ちょうど冬のボーナスの時期を迎え、正社員の人たちが団体交渉をするのを尻目に、働き手のほとんどを占める女性パートの人たちが小さな声で、「私らも同じように働いてるのに」と言った途端、正社員の班長が「何言っててんだい。おれらもボーナスもらえるかどうかわからないのに、気楽なパートのくせに。パートなんか、その後の話だ」と言い放ったことを忘れることはできません。

以前からアジアの女性労働者がどれほど過酷な状況下で、人権侵害されながら働かされているか、アジア女子労働センターの塩沢美代子先生から伺っていましたが、日本の非正規女性労働者も使い捨ての労働力としか見られていないことの一端を垣間見て、怒りを抑えられませんでした。

「何しに生野にきてん」と問われ続ける

一九八三年、卒業を前にして生野で、映画「イルム（なまえ）」の実行委員会専従となりました。生野とは、当時、日本で在日朝鮮人（この一つの国を分断した責任は日本の侵略によるもの。責務を負うものとして「朝鮮」という表現を用います）がいちばん多く住むところ。就職差別のため、家内工業のレンズやヘップ、ゴムの仕事が多く、本名を名乗って生きている人は一割にも満たず、一九八二年まで社会保障制度から疎外されてきたひとが四万人も住んでいた街です。

進学を親に相談することもなく勝手に決めたことを淋しく思っていた父にも、「在日朝鮮人の人がたくさん住んでいる生野という街で働きたい」と言ったところ、「一時の感情で選ぶのでなく、一生の課題としてその仕事を選ぶのなら頑張りなさい」と叱咤激励をもらったことは、ほんとうにうれしい励ましでした。

この映画は本名で、高齢者施設で働こうとした朴秋子さんが、面接の際、通名で働くことを拒否して不採用となった高齢者施設との闘いの記録と、本名で生きることの意味を問いかけるものでした。

私が生野で働き始めた頃、「生野民族祭り」が始動し、同じ事務所内にその実行委員会が設けられました。奪われた言葉を、文化を、そして民族を取り戻そうとする同世代の人々の活気溢れるエネルギーに、わたしは圧倒される毎日でした。大阪中の楽器や衣装を集め、仕事や学校が終わってから準備や練習に汗する人々はまばゆいばかりでした。「日本人のくせに、何しに生野にきてん。どうせ、なんかしんどなったら、すぐに逃げ出すんやろ!」。日本人に対する不信感と憎悪さえ感じる言葉に打ちのめされながら、その言葉に、この街で必死に生きることで応えていくしかないと思ったことが、昨日のことのようによみがえります。

民族祭りの当日、寝る間も惜しんで準備と練習に明け暮れた人々の喜びに満ち溢れ、解放された姿を目の当たりにし、独りトイレにこもって号泣した私は、この街で生きる覚悟と、在日朝鮮人からすべてを奪った加害者の日本人として相手の尊厳を取り戻すためにどこまでも主体的にその課題を担う立ち位置とを噛み締めたように思います。

韓国農村での研修

生野で働きながら、KUIMの集まりや日韓URM協議会にも参加をさせていただくなか、三好博先生に会いに来られた韓国URMの金東完《キムドンワァン》牧師から、「在日のことを理解するためにはその人たちがこれまで生きてきた場所に身を置き、理解した方がいい」と、韓国農村での研修や、工場労働者たちが集う教会での研修の機会を与えられました。

農村は、韓国YMCA連盟の姜汶奎《カンムンギュ》総務にお世話になり慶州南道居昌で三ヵ月間、農作業をしながらさまざまな研修を受けました。最初に世話になったリンゴ畑のピョマンスさんは居昌農民運動の会長でした。韓国では農民運動がとても果敢に繰り広げられているのですが、「日本の農民運動はどうだ」と聞かれ、何も答えられない自分を恥ずかしく思いました。

研修の時期（一九八七〜八八年）は民主化闘争のまっただ中で、大統領選を控え、KAL機墜落事故が起こった時でもありました。どこに行っても、「文子もスパイではないか」といろいろ囁かれ、言葉はわからなくてもそのことだけは感じ取る日々でした。

工場労働者たちが集う教会では、中学を卒業して働き、夜、夜学が終わってから教会に労働法を学びに来る若い工場労働者たちと一つのラーメンを分け合って食べる毎日。教会の礼拝が終わると「チャル　カッタ　オセヨ（元気に行って帰ってきなさいよ）」と送り出してくださる牧師の言葉に、デモや集会に教会から一緒に出発することにどれほど感動したか知れません。こんなふうに送り出し、共にいてくださる有り難さを実感する毎日でした。お世話になった慶州南道居昌と富川のＹＭＣＡ総幹事が、いつも「チョウウン　デロ。マウム　デロ　ハセヨ（あなたの思うとおり心のままにしていいよ）」と、心細く思ったり、身体が動かなくなったり、熱が出るなどの辛いときに、考えて選択することを、立ち止まってもいいことを諭し、暖かく支え、見守ってくださったことが大きな糧になった日々でした。

高齢者とのかかわり

私が初めて生野に出入りし始めた一九八三年、生野区の人口は一六万人。そのうち四万人が在日朝鮮人でした。そのころに比べると人口は減少し、高齢化と過疎化が進んでいるのは顕著です。そして、独居の在日朝鮮人高齢者が増加し続けています。

いま私は生野区で、高齢になり、新たに覚えた日本語を忘れ、朝鮮語でしか自分のことを語れなくなっている人や、日本で苦労を重ねてきて日本社会を信じられず、生活苦の中でもがいている人、自分の言葉や文化、習慣を否定されて生きている在日朝鮮人高齢者に寄り添いたいと、介護福祉のケアマネジャーをしています。もちろん利用者の中には日本人もいますし、日本人ヘルパーも活躍しています。

六ヵ月の韓国研修で、本当は韓国語をしっかり取得してこなければなりませんでしたが、それは道半ば。それでも必死に韓国語で語りかけ、解ろうとする私に、在日高齢者は暖かく語りかけてくださいます。「アイゴ姉さん。この子は、イルボン　アイ　ジマン（日本の子）やけど、うちのメヌリ（嫁）より言葉ようわかるし、アンニョンハシムニカ（こんにちは）と言うて、家に入ってくるし、ウリサラム　カッテ（うちの国の人みたいや）。姉さんも介護要るときは、この子に頼んだら安心やで」、と孫を自慢するようにおっしゃっていただく時、私もそう言っていただけることに、照れながらも有り難さと代えがたい喜びを感じています。

介護という仕事

高齢者の生活支援をする中で、「今がいちばん幸せや。死にたくない」、「こんなん生まれて初めて見た。連れてきてくれてありがとう」、「お誕生日のお祝いなんて、結婚してから初めて祝ってもらった」、「お母さんがいてくれたら、こんなふうにしてくれただろうと思うと、ほんとうに嬉しかった」。毎日の生活の中で、さまざまな感謝の言葉を受けるとき、私たちの仕事は、高齢者の幸せな生活、毎日をつくる仕事なのだと、実にやりがいのある仕事であることを実感させてもらえます。

しかし、いいことばかりではありません。脳血栓で倒れた夫が退院してきて、記憶力や判断能力が低下し、性格も変わってしまったことに、いつも明るく「息抜きしてるから大丈夫！」と言っていたその妻が、突然、行方不明になりました。三日後に自死との連絡が入った時など、自分の非力と努力の足りなさに、もうこの仕事を続ける資格が無いのではないか、と辛く悲しい毎日を送りました。

今もその無力感に襲われる時があるのですが、そんなとき、「すべてを背負うことはできないし、抱え込んで自分を責めたらあかんよ」、「何を着よう、食べようと思い煩うのでなく、考えなさい。烏さえ用いてくださる神様はすでに希望を私たちに与えてくださっているのだから」、「暗闇の中で、夜明けを迎える時がいちばん暗く耐えがたいほどの闇だけれど、その暗闇が深いが故に必ず輝く夜明けがやってくる」。村山盛忠牧師からいただいたメッセージが、どれほどわたしを支えてくれているか知れません。そして、自死された方には自分の無力さを痛感するけれども、そのたびに、いま目の前におられる遺された方に、その分まで自分のできることを一所懸命尽すしか私たちにはできないし、それが大事だし、それでいいんだよ、と私の主治医である荒川ドクターはいつも悲しみを共に悼み、共有して包み込んでくださっています。

現実との狭間で

思えば、生野に来てからずっと民族祭りで出会った人々をはじめ、多くの在日朝鮮人の人たちの一所懸命に生きる姿にどれほど胸打たれ、励まされ、支えられてきたか知れません。そしていつもその人たちが受けている差別の苦しみや悲しみ、日本社会に対する怒り、自分が自分であることを当たり前に謳歌できない中で懸命に尊厳を取り戻しながら生きているその人たちに、恥ずかしい生き方をしないことが自分の生野で生きることの証しだと思い続けてきたのに、ずいぶんと弱く情けない自分になっていることも感じています。

ケアマネジャーになってからも、自分が病気や怪我をしてしまったり、本当に自身を律することができない日々ですが、そんなわたしを、「あんたが怪我してどないすんのん。あんただけが頼りやのに。元気でいてくれな困るで」、「家さえ教えてくれたら、あったかいスープでも持って行ってあげたいとずっと思ってたんやで」、「やっと帰ってきてくれたな。待ってたで」。復帰したわたしを温かく迎えてくださった高齢者に、実はわたしの方がいちばん寄り添い、支えてもらっているのだということに気づかされます。

インターン終了後もずっと三好先生、小柳先生をはじめ関西労伝のメンバーに支えられ、励まされ、寄り添い、育ててきていただきました。このことに心から感謝し、これからもこの地で働いていきます。

（キリスト教在日韓国朝鮮人問題活動センター委員）

怒りと悔しさと、温かさと

大川　祈

釜ヶ崎との出会い

関西労働者伝道委員会発足の時から大切にされてきたインターン制度は、六〇年の歩みの中で一回途切れてしまうこともありましたが、二〇〇八年から再開されました。六〇人近くのインターン生がおり、現在も関西労伝での出会いを大切に歩んでおられる姿を思います。多くの支えのもとバトンをつないでいただき、私は二〇一三年八月から二〇一五年八月まで釜ヶ崎医療連絡会議（以下、医療連）とこどもの里でインターンを受け入れていただきました。

釜ヶ崎で考えさせられたのは社会の軍事化、産業化、植民地化というのはセットで続けられて、そこで人が「労働力」として利用されてきたのではないかということです。それは自分自身が育った町、山口県岩国市とも重なる問いでした。岩国の米軍基地がある三角州は、住んでいた人が干拓し、農業を営んでいた場所をアジア・太平洋戦争前「国に返せ・天皇に返せ」と旧日本海軍に接収され、軍事基地に、そして戦後そのまま米軍基地となったのです。岩国・大竹は工業地帯でもあるのですが、その場所で農業ができなくなった人たちは工場で働くようになります。また、私自身育つ中で辛かったのが、米軍基地「容認」か「反対」か、で町と人が分断されてしまうことでした。その中でも私が出会ってきたのは、人の命を何よりも大切に、と声を上げ続ける人たちでした。大学一年生の時に、年末年始にかけて釜ヶ崎の越冬闘争に関わらせていただいたのですが、その後、関西労伝を通して名前を呼び合う関係、話を聞き語り合う関係ができたことを嬉しく思っています。また、関西労伝に派遣してくださった上鳥羽教会は地域で野宿、路上生活されている方への訪問を続けてきた歩みがあり、暮らしている京都での夜回りや訪問での出会いからも多くを問われ、また支えられている毎日です。

こどもの里では放課後の遊びや遠足、卓球、三角公園での運動会、大晦日みんなでテレビを観たり、本当にたくさん遊んでもらいました。背景にはさまざまなしんどい状況もありますが、こどもの里では「自由に安心して過ごせる場所、存在がそのまま受け容れられる」ということを大切にしておられます。こどもたちから本当にたくさんのことを教えられました。医療連では生活保護相談のお手伝いや、病院などの訪問、居宅で暮らす方たちとの交流会などに関わりました。人はゆっくりと関係ができていき、時には交流会で私の悩みを聞いてくださることもありました。人は支えられ、支えていく存在なのだとあらためて感じています。

南美穂子さんの遺志を継ぐ

二〇一四年四月、私が医療連の事務所へ赴くと、「怒り」「悔しさ」などの「重い」雰囲気に事務所全体が包まれていました。医療連に関わり続けてこられた大谷隆夫牧師が「四月三日、裁判での最高裁への上告が棄却され、有罪が確定した」とゆっくりと話してくれました。この裁判とは釜ヶ崎四・五大弾圧のことですが、大谷牧師は裁判のことや獄中でのことを、怒りを持ちながら何度も語ってくださいました。そこに一貫してあるのは、「労働者の尊厳の尊重」と「尊厳を奪う体制への怒り」です。

大谷牧師と共に逮捕された一人に、南美穂子さんがいました。南さんはガンを患っていたにもかかわらず、十分に検診・治療・休養が得られないまま、精神的・肉体的に圧力を加えられる拘置所に拘留され続けました。南さんは二〇一二年に亡くなってしまいます。私は南さんのお連れ合いである山橋宏和さんに出会い、南さんの話や残された文章をみせていただきました。南さんは労働者の一人ひとりと出会い、関わり、信頼の上でその人の人生や仕事の話を聞き、書き残しておられます。一人一人の労働者の声を言葉に紡いでいるのです。命を奪われてきた労働者と南美穂子さんの遺志を継ぎ、今も釜ヶ崎公民権運動として選挙権回復、尊厳回復が訴えられ続けています。

二〇一六年三月三〇日、大阪市は釜ケ崎の労働者の方が暮らしておられた花園公園のテントを強制撤去しました。「危ないですから、どいてください」と言われ、テントの前で、皆で組んでいたスクラムが強引に崩されました。ブルーシートで強制撤去の様子が覆われ見えないようにされ、何度抗議しても、警察と作業する人は表情を変えずに淡々と撤去を進めていきました。対照的に壊されていくテントの様子をずっと見つめていた労働者の方の姿が心に残っています。大阪市の暴力的なやり方がただ恐かったです。目の前の小・中学校を待機場所として強制排除は行われました。その日は学校は休みでしたが、強制排除の現場を中学生が少し距離をおきながらも見ていました。こどもたちにとって大人の／大阪市の暴力はどのように映ったのでしょうか。

「こどもに偏見を教えてしまうのは大人だ」。こどもの里の館長・荘保共子さんが話していたことです。医療連での相談活動や夜回りをする中でしんどいと感じたのは、野宿せざるを得ない人への襲撃の現実、しかも一〇代のこどもたちも襲撃をしてしまうということでした。人の命を奪うことはどんな場合も許されないこと、そして何よりも襲撃により奪われた命を憶え続けたいです。暴力を連鎖させ、繰り返さないために何ができるでしょうか。強制排除というのは労働者の住む場所を奪うだけでなく、その存在を否定することです。さまざまな事情から家で住めなくなり、野宿せざるを得なくなり、何とか命をつないでいた人が、その場所さえも奪われたときに、どうやって生きていけばいいのでしょうか。野宿せざるを得ない人が、何か悪いことでもするといわんばかりに監視カメラが設置されていく。行政は、こどもたちや人々に「野宿をする人は自分自身の失敗のせいでこうなったのだ」と自己責任論を植えつけたいのでしょうか。この現実を考えたときに、共に生きていくために、体制の暴力に抗うことの大切さを感じます。

尊厳を奪う社会

厳しい「怒り」の現実の中にあっても、医療連の事務所にはいつも温かさがありました。医療連から生活保護を受けた人が訪ねて来てくださることも多く、ご飯をつくり一緒に食べたり、何時間も話をしたり、花見に行ったり、カラオケ大会をしたり、夏祭りでチヂミを焼いたり、餅つきをしたりもしました。普段は医療連で相談活動を続けておられる方と一緒に過ごす時間が多く、その中でさまざまな話もしました。若いときは建設の仕事をしており、全国各地の飯場で仕事をし、ビルや橋、線路などをつくったこと。仲間が事故で死んでしまい、とても悲しい思いをしたこと。高齢になり、仕事がなくなり、野宿せざるを得なくなったが、周りの人が食べ物などを差し入れ、助けられたこと。自身の人生の歴史を証してくださいました。ある日、「なぜ相談活動を毎日続けておられるのですか」と尋ねると、「自分が野宿していた時に仲間が助けてくれたことへの恩返しだ。医療連から生活保護を受けた人がアパートで暮らし始めて、元気にやっている、と声をかけてくれるのが嬉しい」と答えてくれました。その方は私のことも心配し、気にかけてくれ、「普段の学校と掛け持ちのバイトは大変ではないか」など声をかけ、私が理解できていない生活保護の仕組みなど丁寧に教えてくださいました。そして何より相談に来られる方の話を聞くことを大切にしておられました。労働者の希望をいちばん大切に、長期的に関わろうとする姿勢から多くを教えられました。

医療連での関わりと出会いの中で強く「打たれた」ように感じたことが一つあります。ある日、

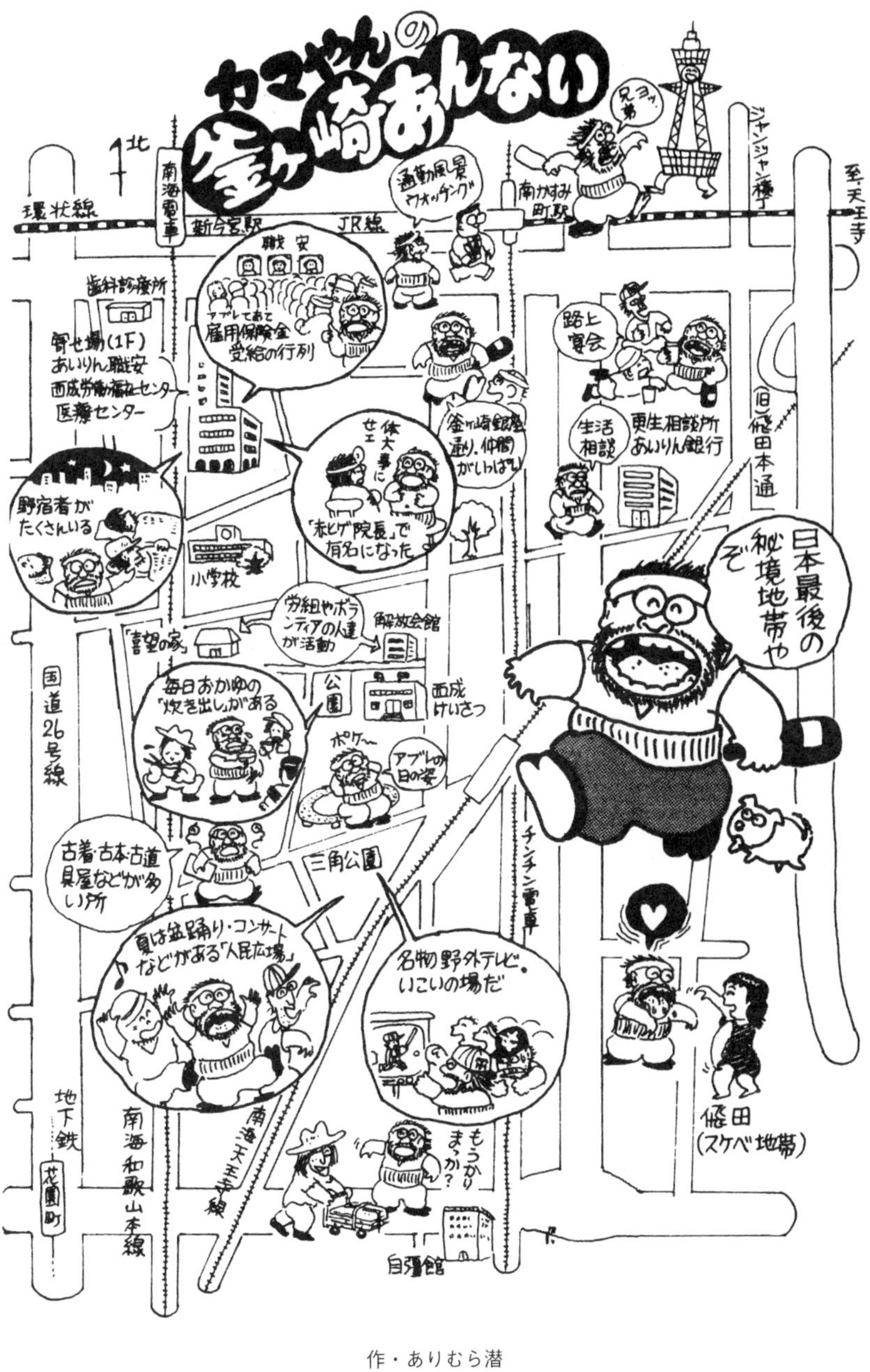
カマやんの釜ヶ崎あんない
北
環状線
南海電車
新今宮駅
JR線
通勤風景ウォッチング
南かすみ町駅
兄ヨッ弟
ジャンジャン横丁
至天王寺
職安
アブレてあて雇用保険金受給の行列
歯科診療所
寄せ場（1F）
あいりん職安
西成労働福祉センター
医療センター
路上宴会
生活相談
更生相談所
あいりん銀行
旧飛田本通
釜ヶ崎銀座通り、仲間がいっぱい
体大事にせェ
「赤ヒゲ院長」で有名になった
野宿者がたくさんいる
小学校
日本最後の秘境地帯やぞ
労組やボランティアの人達が活動
解放会館
「希望の家」
国道26号線
毎日おかゆの「炊き出し」がある
公園
西成けいさつ
ポケ〜
アブレの日の姿
チンチン電車
三角公園
古着・古本・古道具屋などが多い所
夏は盆踊り・コンサートなどがある「人民広場」
名物野外テレビ。いこいの場だ
地下鉄
花園町
南海和歌山本線
南海天王寺線
もうかりまっか？
飛田（スケベ地帯）
自彊館

作・ありむら潜

事務的な作業があり、少しバタバタしていたのですが、ある方がいきなりこう言いました。「おい、無視すんなよ！」。私は作業に集中するあまり、その方の声が聴こえなかったのでしょうか。自分が目の前の人を大切にしていない態度をとっていたのかとも感じます。この言葉の背景には釜ヶ崎で社会から無視され、その存在を否定され、差別され、人としての尊厳と居場所を奪われ続けている人たちが日々を暮していることと無関係ではないかもしれません。そのような思いをしていない私の行動や、発する言葉が、そこでの出会いの中に本当に根付いたものなのかと問われ続けています。その時、何か投げられたものによって「打たれた」と、痛切に感じました。

思えば野宿をされていた人からは、「役所に相談に行ったが、真剣に聞いてくれなかった」という話や、「生活保護のことがよく分からないが、誰も教えてくれない」など、行政への不信感とともに人間の尊厳を大切にされなかった経験を聞くことが多々ありました。「無視すんなよ！」という言葉はその人が社会や行政に言い続けてきた言葉なのかもしれないと思います。これからも釜ヶ崎での出会いを覚え、問われ続けながら、労働者の人間の尊厳を大切にすること、尊厳を奪うやり方には怒ることを忘れずに歩みたいです。

（同志社大学大学院神学研究科、二〇一三—一五）

第三章　神学教育の現場から

Doing Theology（神学すること）

原　誠

「現場」と出会うこと

一九五六年に関西労働者伝道の活動が始められて六〇周年の今年、このような資料がまとめられることの意味と意義を、同志社大学神学部という神学教育と研究の現場に携わるひとりとして検討してみたいと思います。

かつて竹中正夫先生は「労伝がはじまったころ、日本はまだ『戦後』を脱出していなかった。

食生活はまだ不十分であり、いまからみるとみんな素（ママ）食をしていたが、食べるものがあればありがたいと思っていた。」（『労伝ニュース』六六号、一九八五・八・一五）と記しています。それは一九五一年に日本基督教団総合伝道委員会のもとに、職域伝道協議会が開催されてから二〇年あまりが経過した時点での回顧の文章でした。その後、半世紀を超えて六〇年の時間を経過した現代の日本の社会は、かつてのこのような情況と比較するならば、想像を絶するほどの変化と変容を遂げました。国内外の政治や思想、経済やインターネットなど、科学技術の変化と進展とともに、大学や神学部もまた、そして教会もこれらの時代的変化から自由ではありませんでした。

しかしそのような中で、神田健次先生が書かれた「教育の現場の臨場感を」（『労後援会便り』一三号、一九八五・六・二〇）や、深田未来生先生が書かれた「神学教育と現場研修」（『労伝ニュース』七〇号、一九八七・五・一〇）でそれぞれに言及されているように、日本を含む現代世界の変化があったとしても、神学部の教育の一端を担うわたしたち教員の立場からいえば、神学研究と神学教育の課題は、今日もなお問われ続け、問い続けなければならないものがあります。今日の世界において、キリスト教とは何か、福音とは何か、ということです。この神学研究と神学教育の課題は、われわれが生きている現実から問われ、またこれに対しての答えを出そうとします。もし、そのような根本的な、また基本的な認識がないとするならば、キリスト教は、わたしの言葉で言えば、博物館あるいは歴史資料館にしまい込まれるべきであり、かつて歴史と西欧

1987. 5. 10　労伝ニュース　№70

労伝ニュース

発行
関西労働者伝道委員会
〒541　大阪市東区高麗橋
3丁目20番地　浪花教会内
電話06(231)4951

神学教育と現場研修

深田未来生

神学教育を受けて宣教の現場へと巣立つ者が、一見きらびやかにみえる日本の中に厳然と存在する荒野に等しい釜ケ崎や、鎖閉的日本社会の中に生きる闘いを続ける在日韓国、朝鮮人の生活の一端に触れ、考えを深める糸口を見付けてほしいと願ったことが、「一日現場研修」の計画へとつながった。一九八三年のことである。釜ケ崎や生野地区での問題は学生達にとって当然教育のプロセスの中で直面したものではあろうが、現場、現状の研修となるとすべての学生が足を運ぶに至らないだろうということが気にかかった。関西学院大学神学部繁木岸一教授を中心に、前島宗甫、小柳伸顕両牧師、KCCの李清一氏の理解と協力で、卒業を控えた神学生が日本社会の生み出した荒野の谷間に生き、働く人の声を聞き、その道に立ってみる一日プログラムを計画したわけである。ここに久しく密接な関係がなかった同志社大学神学部と関西学院大学神学部の協力作業が成り立った。

計画の検討段階から、このような短時間の研修では表面的で不充分だし、かえって誤解を招いたりゆがんだ印象を与える結果になるのではないだろうかという危惧は感じた。にもかかわらずあえてやってみようという結論に達したのは、釜ケ崎や生野の現実を抜きにして今日の日本社会を理解できないという考えと、キリスト教宣教はどのような形をとるにせよ人間疎外の問題を避けては成り立たないという信念が共通して見出されたからであった。

この五年間「一日現場研修」は基本的に一定のパターンを用いて行われてきた。午前中はカトリック「ふるさとの家」で活動家の話を聞き、分散して各々釜ケ崎で昼食をとり、午後は二つのグループに分かれて生野地域の案内を受け、ヘップサンダル等の家内工業の現場を訪れてからKCCでスタッフ達の話を聞き、一日の体験を語り合い、夕食を共にして開散するといったものである。

毎年計画に協力してくださった方々の努力の結果、どの年の発題者達の話も実に適確であり、体験を熱情と論理で語ってくださり学生達は非常な感銘を受けた。既に聞いたり、知っている事柄も多かったが、それを含めて参加者達が新鮮な思いで現実を見つめ直し、思いを深めたことは神学教育の終結点での経験として実に貴重なことであった。

第五回の今年の研修は三月十一日に行われた。初めて聖和大学から教授2名を含め6名の参加者があったことは極めて喜ばしいことであり、今後の協力をお互いに期する機会でもあった。関学は毎年神学部長が積極的に参加しておられるのも意義深いことである。

この研修プログラムにははっきり限界がある。SCMなどの集中した現場体験などに比べて形式的だったり、表面に触れるだけの経験に終わる危険性をもってはいるであろう。にもかかわらず私達はこのプログラムから更に一歩踏み込んで、生きた人間の現状の中に神学する姿勢を求め、それを教育活動の中に具体化していきたいと願っている。

（同志社大学神学部）

1

「労伝ニュース」No.70（1987年5月10日）

文明と社会のなかで意味と意義をもったとしても、現在は機能停止をしている宗教、使命と役割を終了してしまった過去の遺産ということになるでしょう。しかし私たちは、このような変化と変容を遂げている現在進行形の世界の中にあって、あるいは、だからこそキリスト教が問い、あるいは問われ、この現実と関わって生きている宗教であると確信し、そのような信仰を持っています。そして、このような問いの前で、キリスト教、教会は、どのような使命をもつのかということこそが問われ続けます。その意味と意義は、現場から問われ、また現実の世界にコミットする、あるいはしようとする、そのような意味での活ける神学の営み、換言すれば「神学する（Doing Theology）こと」だといえましょう。

この労伝の六〇年に及ぶ活動は、このような課題に対して向き合おうとしてきた歴史であったといえるでしょう。神学部にいるわたしにとって、文字通り神学教育のフィールドとしての場であった、ある、ということです。

わたしは、授業の中でとりわけ一年生などのガイダンスの機会があれば、次のように強調しています。一つは神学部での授業を中心としてなされる学問の研鑽、学習の大切さです。そしてもう一つは、一人ひとりの関心を現実の世界や社会に向けて、この現実の社会や世界の課題と出会うこと、そして、それによってインスピレーションを与えられることの大切さです。それは、ここでは細かい議論のプロセスは抜きにして、いつの時代にあってもそもそも「神学」とは、「死んだ学問」（シンガク）ではなく、私たちにとって、生きている、自らが問う、問われる、という意味において「神学すること（Doing Theology）」ということが大切であるということです。言葉を変えていえば、神学部で学ぶ、聖書神学、組織神学、歴史神学、実践神学、そして宗教学など神学部で開設されている多くの科目、あるいは他学部の授業などの議論が、現実の世界にどのように生きて関わるのかという、ことでもあります。

いわば双方向の視点、課題を明確にもつことの大切さということです。

フィールドへの視点

その意味で、わたしは前任校の（現）新島学園短期大学在職中に始めた経験を継承して、二〇年余り前に同志社大学神学部に移ってからも、あとでも詳しく述べますが、学生とともに毎年のようにタイのスタディ・ツアーを、また機会があるごとに沖縄や韓国にも学生と一緒に出かけてきました。

それは「現場」、すなわち生きた現実、生きた人間と出会うことによって、もっと言えば、わたしの「隣人」とはだれか、そしてこの隣人の前で「わたし」は何者か、ということを自覚的に明確にされる、そのような出会いが大切であると考えてきたからにほかなりません。

その「現場」とは、この場合は主に「労伝」が取り上げられるのですが、「労伝」に限定されることなく、その人、その学生が主体的に関わることの始まりの一歩が大切だと考えてきたからです。ひとりの人がすべてのことに主体的に関わるということも不可能であり、またその出会いの過程で、その学生の主体的選択と決断もあるということです。

このような意味において、神学教育と研究の現場に大切なことは、フィールドとどのようにして出会うか、と言うことだといえます。関西労伝のインターン制は、実にこのような機会を与えてくれたのです。

同志社大学神学部からのインターン

二〇一五年度にインターンとして労伝に参加した大川祈さんは、その体験を含めて『労働者と共にある宣教―関西労働者伝道委員会五八年の挑戦』という秀逸な卒業論文を完成しました。この論文はその年度の優秀論文にも選出されました。また、二〇一五年七月に関西労伝委員会から別途に冊子として出版されています。この資料によって、これまでの関西労伝の成立と活動と、これに関わった専任者やインターンの人たちの名前を知ることができます。ここでは同志社大学神学部に関係した人のみを紹介します。

関西労伝が活動を始めた一九五六年には、平田哲（日立造船）、金井愛明（京都島津）、矢島信一（国鉄同志会）が、翌五七年に橋本左内（国鉄同志会）、村山盛忠（島津製作所）、高見敏雄（日立造船・住友金属）が、五九年に正木義道（国鉄同志会）、六〇年に小柳伸顕（全文協）、森安弘之（国鉄・大教組）、志茂望信（京都西陣）、石田のぞみ（大阪海員組合）が、六一年には志茂望信（京都西陣）、栗原昭正（全労）、坂田吾郎（京都西陣）が、六二年に犬養光博（全労）、府上征三（全織）、真下紘行（西陣）、そして六三年には中村允孝（全労）、笹田一成（西陣）が、六四年に関岡一成（堺）、近藤善彦（全労）が、六五年には山本敏明（看護師問題）、柴田作次郎（堺）、大津健一（同盟）が参加したことが分かります（以上、すべて敬称略）。

この活動の発端は、同志社大学神学部の竹中正夫先生の指導に対する学生の応答でした。一九六八年の日本基督教団の機構改革は、教団の組織の改変とともに、なによりも海外教会からの献金を謝絶して自立していくものでした。

このような組織的変更を伴いながら、同志社大学神学部との関係はしばらくの空白をおいて、一九七六年に小鮒実（西陣）、七九年に井石彰（釜ヶ崎）、八〇年に西岡昌一郎（ＫＣＣ）が、八二年には大竹義人（生野）と佐藤誠司（聖和社会館）が派遣されていきました。その後の中断を経てインターン制度が復活し、二〇〇八年に再開されて船橋美和子が、〇九年に御館博光、一二年に桝田翔希、一三年と一四年には大川祈がインターンとして参加しました（以上、敬称略）。同志社大学神学部の学生で、関西労伝に関わった学生の数は三六名にもなります。

本書の主要なテーマは、もちろん関西労伝六〇周年に焦点をあてたものですが、神学教育の現場にいる者として言えば、神学教育の現場とは関西労伝にのみ代表されてきたのではなく、その他に実にさまざまな現場との関わりをもってきたことを忘れるわけにいきません。

それは、例えば京都教区のネパール・ワークキャンプやバザールカフェ、アジア国際夏期学校、沖縄研修、東九条の「まめもやし」、夜回りの活動などであり、それぞれが教区やそれ以外のさまざまな機会を通して学生が現場と出会うチャンネルがありました。また、ある意味では狭くキリスト教世界のみならずキリスト教以外の世界において、学生たちが現場で育てられてきたのです。

そして、その背後には、明確に教会があるということです。教会という共同体が、一人ひとりの学生に、さまざまなチャンネルを通して、あるいは介在して、直接、間接に関わってきたということの歴史的意味と意義を確認することが大切だと思います。

現場における神学教育～わたしの実践から～

先にも少し述べたように、わたしは前任校の（現）新島学園短期大学時代に始めたタイ・スタディ・ツアーを、同志社大学神学部に移ってからも通算三〇年の間、継続してきました。わたしにとってそれは現場における神学教育でした。そのポイントのいくつかを紹介します。

バンコク滞在中の一日、バンコクの西にあるカンチャナブリを訪れます。ここで第二次世界大戦中に日本軍鉄道隊が建設したタイとビルマのあいだを結ぶ泰緬鉄道が今もなお運行していま す。わたしたちはそれに実際に乗り、また捕虜収容所跡や連合軍兵士の墓地などを訪れて、戦時下に日本がアジアで何をしたのか、その一端を知ろうとします。また北部のチェンマイではタイの最初の私立大学で、タイで最古の神学部があるパヤップ大学を訪れ、授業に参加させてもらいながら、神学部の寮で学生たちは寝食を共にして交流します。そして、さらに北部のミャンマーとの国境近いジャングルの中で生活している少数山岳民族の村を訪れます。そこでは子どもたちが生活し、学んでいる学校を訪ねて交流をはかります。

北タイに住む少数民族の数は約八〇万人と言われています。近年は急激に生活のインフラも変化してきましたが、長く電気や水道がない生活をしてきました。これまで親たちは国籍もなく、教育を受けたこともなく、中国の雲南省から、あるいはミャンマーの東部から移動してタイに定着しました。おおよそ六つの部族に大別されています。異なった歴史と伝統と宗教をもち、部族によっては歴史的に文字を持っていませんでした。この山岳民族は部族によって多少の違いがありますが、約四〇パーセントがクリスチャンです。そして彼らは国境に近いジャングル地帯に部族ごとにモザイク状態で村を作り、アニミズム、仏教、カトリック、プロテスタントなどの宗教をもって生活しています。ここでは彼らがなぜクリスチャンになり、クリスチャン村を形成するにいたったかについては触れませんが、彼らにとってのキリスト教の信仰はどのような意味を持つことなのかを問うことは、日本のキリスト教を照り返す、いわば鏡のような意味と意義を持ちます。日本の場合、西洋文明と近代精神、さらに帝国主義、植民地主義とキリスト教がパッケージとして伝えられ、近代主義とキリスト教は深く関係していますが、彼らのキリスト教受容はまったく異なったコンテキストの中にありました。

学生たちは、このような村で農作業の手伝い（邪魔？）をし、雨水でシャワーを浴び、紙なしの水洗トイレを体験します。そして農作業がどんなに忙しくても、宣教師が教えたように日曜日にはすべての仕事を休み、礼拝を守ります。朝七時は女性だけ、一〇時半からは村人全員が、そして午後三時には子供たちを対象とした礼拝です。

アジアというミッション・フィールドに成立したキリスト教は、それ以前の宗教、文化、伝統と、また共同体の規範が強固な中で、クリスチャンであるということは自明のことではなく、常にその意味を問うことを迫られます。タイでのこのような体験を通して、参加した学生たちは自らの問いを持ち始め、そして、それらが神学部での学びへとつながっていきます。わたしは、これらのことを通して「神学すること（Doing Theology）」へと導かれていくと考えてきました。学生たちに教育をしてくれたのは、タイの教会やクリスチャンたちです。現場の体験が、人を新しくしてくれるのです。

三つの三つ～問われる課題は何か～

学生と共に活動してきた体験から、そして、何よりも神学部での専門である日本とアジアのキリスト教の歴史を学ぶことの意味と意義についてわたしなりにまとめると、以下のような視点、概念、関係が非常に重要だと考えています。それは「三つの三つ」ということです。

一つ目の三つとは、「日本」、「欧米の西欧世界」、「アジア」。二つ目の三つとは、「国際化」「民際化」「人際化」。三つ目の三つとは、「利益の収奪」、「知識の収奪」、「体験の収奪」ということです。

最初の三つとは、「日本」、「欧米の西欧世界」、「アジア」に対して三つの眼、認識を持つことによって新しい視点が見えてくるということです。われわれが生活している日本は、アジアで独立国であり続けましたが、明治以来、後発の帝国主義、植民地主義、しかも国家神道に基づく天皇制という神聖国家、宗教国家となりました。そして、国内的には内国植民地として北海道と沖縄を、続いて台湾、韓半島、さらには満州国を含めて一時期は大東亜共栄圏を形成しようとしました。今日、日本は世界の中で大きな位置を占めるようになりましたが、この近現代史のバランスシートを認識する視点のことです。

二つ目は、キリスト教の近代化もまた、一九世紀の植民地主義、帝国主義の時代に西欧文明、科学技術、キリスト教に基礎づけられた西洋のアジアへの接近がありました。その歴史的意味と意義はどのようなものであったかという視点です。西洋近代もまた相対化することが必要だという視点です。三つ目のアジアとは、日本もアジアに属していながら、日本以外の東南アジアは植民地の歴史を持ち、その過程のなかでキリスト教の種も蒔かれて、それぞれの国にキリスト教が成立しました。

そのことの意味を自覚的に問うということは、単に欧米のキリスト教、ことに教派の宣教師によって種が蒔かれて各地に成立したキリスト教にとって、今日、どのような意味をもつのかという視点です。アメリカの教派の教会は常に変わらず今日もなおモデルなのでしょうか。それぞれの歴史を経ながら異なったアジアのコンテキストの中で成立したキリスト教を、それとして出会い、認識することを通して、今度は、日本の私たちの使命を照射してくれるという視点です。この三つの目をそれぞれに交差させることによって、それぞれを相対化することができるようになり、私たち日本のキリスト教の使命や課題を自覚的に問うことになると考えています。

次に述べる三つ、「国際化」「民際化」「人際化」について。

今日、「グローバル」という言葉を聞かない日はありませんが、かつて「国際」という言葉が氾濫していました。また「国際人」という表現もありました。おそらくその意味は、英語を流暢に話し、国際感覚（わたしには何のことかよく分かりませんが）あふれる人材の育成というような意味で用いられてきたと思います。しかしいうまでもなく「国際人」という国籍はありません。私たち日本人が日本国のパスポートをもって国外に出た時、たしかに私たちは日本人なのですが、しかし決して日本の政府の代表者でも代弁者ではなく、日本人のひとりとしてその国に行きます。

そして海外で出会うその国の人々もまた、その国の政策を説明してくれることはあっても、政府や政権を代表していません。わたしが日本のひとりの民衆であるように、その国で出会う人たちもまたその国の民衆のひとりです。そこで成立する関係は「民際化」といえるものです。民衆と民衆が出会うのです。そしてそのような関係が成立するためには、その原点として「人際化」が根拠となります。ひとりの人間同志の関係を成立させることができなければ、「人際化」も、そして「民際化」も、そして「国際化」もありえません。

そして、そのときに体験することは、異なった価値観、国籍、宗教、言語、経済、性別、教育の格差など、まだまだあると思いますが、異なった背景を持つ人と出会うことができるかどうか、また、わたしが受け入れようとしても相手が受け入れてくれないかもしれない、そのような生きた現実の姿や関係を深く認識する視点ということになります。ひとりの人としての出会いと関係の原点がここにあると言えます。

そして最後の三つ目の三つとは、「利益の収奪」、「知識の収奪」、「体験の収奪」という視点です。強い経済力をもつ側は、さらに利益を求めて国境を超えて進出していきます。もちろんその国においても技術移転であったり、経済の向上に寄与する面があることは承知しつつも、日本の企業はその根本において利益を求めて海外に活動を展開します。その強い経済は、当該する国や社会に関して、さまざまな知識を日本に輸入します。学生もまた何とか資金を得ることができてタイに出かけます。そして既に述べたように、豊かな出会いと体験をすることができます。しかし、ある意味ではそれ以上にタイで出会う多くの人々は日本に強い関心をもっていますが、日本に来るということについては簡単ではありません。例えば文化人類学を専攻している学生がタイの山の中でフィールド調査を行い、それを論文にして日本の学会に寄与しようとします。そのかぎりでは、そこで成立している関係はイコール・パートナーとしてではなく、研究のためのいわば被験者です。わたしはこれらを「知識の収奪」、「体験の収奪」と言いたいのです。

関係のありかたが一方的なものであれば、そこで起こることは依存の関係であり、それは共に育っていくという「共育」、あるいは「共生」という関係を促していくということは困難になります。その活動や目的がいかに善意ではあっても、その関係の作り方によっては大きな課題と問題を含むことがありえます。そしてその課題は、単に海外というフィールドにおいてのみあるのではなく、実に日本の社会の只中において問われる事柄でもあります。

「共に生きる」ことを求めて

以上、これらのことをまとめるならば、「共に生きる」世界を、私たちがどのような視点をもって始めなければならないかということですし、それこそ神学教育の課題であるといえます。関西労伝を含めて、出会うことによって変えられるわたしたち、すなわちそこにこそ今日のキリスト教の重要な課題があると言えます。その視点は、中央、頂点に向かうものではなく、逆に、マージナル、周縁、辺境へと向かうものです。これらのことを神学的な議論として言うならば、今日における宣教のパラダイム転換、ということだと言えます。このような視点に基づく営みは、かつて関西学院、聖和とともに同志社も、深田未来生先生や神田健次先生たちの努力によって釜ヶ崎にて共同で実施された時代があったことを思い起こします。これからもとりわけ神学部の実践神学の教員を中心にして、このようなプログラムが継続されていくことが大切であろうと考えています。

（同志社大学神学部教授）

神学教育における関西労伝の意義

神田　健次

はじめに

関西学院大学神学部の学生が、労働者の世界に関わる契機となったのは、戦前においては、例えば、賀川豊彦の神戸新川における活動に、当時、キャンパスが原田の森にあったことから、ボランティアとして参与していたことが挙げられる。あるいは、かつて東洋のマンチェスターと呼ばれた大阪の工業地帯で、労働者の宿泊施設として出発した暁明館の事業の危機的状況に、学生（多くの神学生を含む）と教員の有志から構成される「関西学院社会奉仕会」が同窓から引き継いで関与したことが挙げられる。一九三〇年から戦後直後に大阪暁明館病院が誕生するに至るまで、当時のスラム化した状況の中で、労働者の宿泊・授産事業から出発して、子どもや女性たちの教育、家庭教育、宗教教育、衛生などの諸事業を、関西では先駆的な大学セッツルメント活動の展開として担ったのである。[1]

戦後の一九五〇年代からは、関西労働者伝道の取り組みが始まるに伴い、インターン制が同志社大学と関西学院大学の両神学部によって始動し、多様な産業界、労働者の世界にインターンとして学生を派遣、実践的な活動が展開されてきた。その豊かな実践経験については、すでに『働く人間像を求めて』[2]に詳細に報告されている。

本稿は、このような関西労伝のインターン制度によるフィールド学習の成果が、その後、特に一九八〇年代以降、関西学院大学神学部においてどのように受け継がれ、正規のカリキュラムの中で位置づけられ、展開されてきたかについて叙述したい。

フィールドワークの新たな展開

一九八三年三月一七日、牧会のフィールドに出る卒業生のための一日現場研修が、同志社大学神学部と共催で、大阪生野及び西成地区において実施されたことは、一つのエポックをなす出来事であった。この背景には、一九七八年以降、SCMの現場研修が大阪生野と釜ヶ崎で行われていたこと、あるいはまた、神学部自治会による釜ヶ崎越冬支援の取り組みなどがあげられるが、学部としての公式のプログラムとしては最初のものであった。この牧会のフィールドに出る卒業生のための一日現場研修は八〇年代を通して行われたが、一九八八年の現場研修では、参加校が聖和大学とウィリアムス神学館の卒業生有志にも広がったことは、特筆すべきことであろう。

このような一日現場研修の試みについて、筆者は、「釜ヶ崎・生野一日研修教育に現場の臨場感を」と題して『労伝後援会便り』に以下のようにリポートしている。

「今春の三月十九日に、同志社大学と関西学院大学の神学部の各フィールドに派遣される卒業生及び在学生の一日現場研修が、釜ヶ崎と生野で行われました。この現場研修は、フィールドに遣わされるに先立って釜ヶ崎における日雇労働者の問題と、生野における在日韓国・朝鮮人の問題を、それぞれの現場に足を運んで、その現実の重みに少しでも触れながら、共に学ぶという意図で一昨年から始められました。今年で三回目の研修を終えたことになります。

釜ヶ崎と生野、どちらも大きく重い問題をかかえた現場を、しかも一日研修しただけで何も見えないのではないかという声もありますが、その限界をふまえた上で、現場に聞いて、見て、学ぶ一つの試みであろうと思います。研修は、現場の問題を担っておられる釜ヶ崎キリスト教協友会や在日韓国基督教会館（ＫＣＣ）、そして関西キリスト教都市産業問題協議会（ＫＵＩＭ）のスタッフの方々の温かいご協力によって当初から行われており、実際に、毎回それぞれのスタッフの取り組みの中から発題していただき、話し合いがもたれ、更に地域を案内していただいております。このような現場のスタッフの方々の証し人としての姿に触れ、出会って、その出会いと語り合いを通して、それぞれの地域の問題を多少なりとも生きたかたちで共に学ぶという中に、この研修の少なからぬ意義があるように思われます。

関西労伝は、その発足時から労伝インターン制度を大切な一つの柱として掲げてきていると思います。そのインターン制度はこれからも重要な柱の一つになっていくと思われますが、恒例のプログラムになりつつあるこの一日現場研修の試みも、広い意味ではインターン制度の一環を担うものとして、それらをいくらかでも補うものとして位置づけられるのではないでしょうか。とはいえ、まだまだプログラムのもち方、内容面で創意工夫を要する試みでしょう。様々の声に耳を傾けて、現場のスタッフの方々のご協力をいただきながら、各フィールドに遣わされる者が、より充実した研修の時がもてるよう、共に考えていきたいと願っております。同時に、神学教育に携わる者の一人として、このような研修を通して現場から問われた事柄を反省し、それを日常の教育と研究の場に少しでも反映できるような、いわば現場の臨場感を大切にしていける共同の営みを微力ながら担っていきたいと思います。」[3]

なお、一九八〇年代半ば、日本神学教育協議会（JATE）において、二年続けて神学教育の重要課題として実践神学の課題、とりわけ実習科目の課題が論議され、関西学院大学神学部の取り組みについて現場研修プログラムも織り込みながら発題し、共同で論議する機会が与えられた。

カリキュラム化の必要性

生野・釜ヶ崎の現場研修も含めて、神学部の正規のカリキュラムとして位置付けられたのは一九九〇年度からであり、「フィールドワークA」、「フィールドワークB」の二科目が正式に開講された。様々の課題を抱えながらも、ここに念願のフィールド・実習科目のカリキュラム化が実現したと言えるが、その内容について、筆者は『関西学院大学神学部報』において「一九九一年度フィールドワーク報告」と題する以下のようなリポートを掲載している。

「神学教育におけるフィールドワークのカリキュラム化の必要性が叫ばれてきましたが、昨年の四月より漸く、湯木洋一教授と神田の共同担当で学部の正規の開講科目としてスタートいたしました。今日の教会の課題に呼応する神学教育におけるフィールドワークとして、以前から夏期の教会派遣や関西労働者伝道のインターン、また近年では卒業生のための釜ケ崎・生野一日現場研修等の試みがなされてきましたが、今回、それがカリキュラム化されたことは一つの前進と思われます。

フィールドワークの講義内容は、フィールドワークの基本理念をめぐるオリエンテーションを受けて、前半は各自のフィールド設定の準備を行って実習に備え、後半はその成果の報告と討論を通して神学的考察を深め合いました。各自のフィールド設定は多彩で、教会の日常的関わりから、教会、教会教育、役員会、事務等の教会実習、更には幅広い教会の課題との接点を求めて、養護施設、老人ホーム、病院、ハンセン病施設、保育所、学校の寮教育、盲導犬訓練所、共同体生活、筑豊の現場研修等で、毎回新鮮な実習成果の分かち合いと活発な討論の時がもたれました。

また共同のフィールドワークとして、以下の二人の学生のリポートにあるように、一組は、神戸聖隷福祉事業団の聖生園（知恵遅れの方の授産施設）と愛生園（身体障害者施設）を訪問して、教会の宣教課題として取り組まれてきている働きに学びました。またもう一組は、大阪の釜ヶ崎キリスト教協友会のエキュメニカルな宣教課題に学ぶということで、食堂事業、アルコール依存との取り組みなどに学び、越冬夜回りにも参加する機会があたえられました。

学生一人一人の実習と共同のフィールドワークのために快く協力して下さり、またよきご指導をして下さった先生方に心より感謝をいたしたいと思います。更にフィールドワークの内容を充実させたいと願っておりますので、今後ともよろしくご協力とご指導をお願いいたします。」[4]

このようなフィールドワークの実習経験について、日下部遣志氏（当時、神学部四年生、現川内教会牧師）が、「釜ヶ崎・生野一日現場研修」と題して、以下のように報告している。

「神学部の授業の一環として共同のフィールドワークを設定し、二月の終わりに釜ヶ崎に一泊した。釜ヶ崎の中でも何ヵ所か回り、何人かの人に話をしていただいたり、またディスカッションをしたりして一日を過ごした。そして夜になると夜回りを行った。初めての人も何人かいたであろうが、自分は今年になって二回目、計三回目の夜回りであった。夜回りをすると、本当に釜ヶ崎の実態と現状が見えてくる。……今まで何回か釜ヶ崎に行ったが、いつも思うことは大学で生活している自分と、いま釜ヶ崎にいる自分とのギャップである。日々の生活でボーッと暮らしている自分と、路上でダンボールにくるまって寝ているおっちゃんとは何の関わりがあるのであろうか。またかかわっているとして、自分は何ができるのであろうかという自己の中での葛藤が渦巻くのである。これはこれからもずっと続くであろう。今後の釜ヶ崎との関わりの中で様々なことを問い続けながら経験したことなどを合わせて、今後の自分の歩みの中に生かして、現していきたいと強く感じた。」[5]

科目の充実と展開

二一世紀を迎え、学部だけではなく、特に大学院修士課程（大学院神学研究科博士課程前期課程）の実習科目を創設する課題が実り、二〇〇二年度から「教会実習」と「臨床牧会実習」の二つの実習科目を開設した。さらに、二〇〇四年度からは新たにキリスト教伝道者コースとキリスト教思想・文化コースからなるコース制を導入し、実習科目の充実と多様な展開を目指して、これまでのフィールドワーク科目を「今日の教会（後に「教会の現在」）D」という科目に発展させた。伝道者コースの二〇〇八年度計画では、授業方法として、受講生の問題意識や課題を積極的に出し合い、今日の教会のあり方、使命、課題を明らかにする。授業期間中に四回、学外の活動に参加するということで、一）病院の中で牧会配慮をしているチャップレン、二）ホームレス問題に取り組む牧師、三）カフェミニストリーに取り組む牧師、四）在日大韓教会で女性に関わる牧師、いずれも関西学院大学神学部卒業生それぞれの生き方から学ぶ機会を持つ、と定められている（担当・榎本てる子准教授）。

さらに二〇〇八年度からは、両コースに開かれた「キリスト教社会実習（学部、大学院）」という科目が新たに開講しているが、担当の榎本てる子准教授は、『関西学院大学神学部報』に掲載された「キリスト教社会実習」において次のようにその授業内容を紹介している。

「大学院の新しい授業として、「社会実習」という授業を四年前に開講しました。二〇一二年秋学期は五名の大学院生が毎週研究室に集まり、実習現場での経験を分かち合い、お互いに学び合う時間を持っています。この授業は、夏休みに病院で集中講義として開講する臨床牧会教育（Clinical Pastoral Education：CPE）と連動して、コンセプトを病院から地域に移し、様々な痛みを持った人たちに対する地域での支援のあり方を学ぶ機会を提供しています。神学部で学ぶ学生にとって社会資源と繋がることは、将来、地域で牧会する際の心強い支えにもなります。この授業は、地域生活者として生きづらさを抱えた人たちが出会う日常の様々な困難に対して、必要な時期に適切な人につなげていく、「紹介のミニストリー」（W・E・オーツ）を実践するための人的ネットワークを持つ機会を提供する授業です。今まで実習先として、釜ヶ崎でアルコール依存症の方々に対してプログラムを提供している喜望の家、賀川記念館での天国屋カフェ、子どもの支援、滞日外国人の様々な問題に取り組んでいるNPO法人CHARMなどに学生を派遣しています。実習現場では具体的に人と関わったり、プログラムを開発するプロセスに参加したりする中で、自分と向き合い、人と向き合い、神様と向き合い、その中で感じたことを授業の中で分かち合う作業をしています。」(6)

そして二〇一五年春学期から、「共に歩み、社会に仕える人」を育成し、社会福祉の現場や教会に送り出す新たな「ディアコニア・プログラム」が始まるのに伴い、人間福祉学部のスタッフや現場の方々と連携しつつ、プログラムがダイナミックに構成・展開され、まさにその一環として、「キリスト教社会実習」科目も位置づけられているのである。

しかも、その際、学生たちの実習フィールド先と「協定書」を締結して（現在まで八件の施設等と締結）、実習内容の質的向上をめざしてきている。その一例として、二〇一五年度春学期に実施された大学院のキリスト教社会実習では、実習先である釜ヶ崎医療連絡会議（代表・大谷隆夫牧師）と関西学院大学神学部・神学研究科との間に「協定書」が締結され、実習目的、受入れ、派遣期間、受入れ条件、謝礼、責任者の選任、派遣学生指導担当者の選任と評価の報告、守秘義務、研究成果など、詳細に取り交わされているのである。そして、このような「協定書」による社会実習として、二〇一五年度の春学期に、碓井英俊院生（現八尾東教会伝道師）が釜ヶ崎医療連絡会議の生活保護に関する相談活動を通じて相談業務の重要性とキリスト者たちの活動の社会的役割を学び、牧会者のアイデンティティを考える実習を、小柳伸顕、大谷隆夫、越前和夫各氏の指導のもとで行っている。

神学教育にとっての関西労伝の意義

以上、関西労働者伝道のインターン制度から、関西学院大学神学部が、特に一九八〇年代以降、どのように現場研修の教育的意義を重視し、フィールドワークのカリキュラム化に着手してきたか、そして、そのカリキュラムの充実と展開のために今日までいかに取り組んできたか、それらの歩みを叙述してきた。試行錯誤の取り組みの軌跡ではあるが、その現場研修を通して何よりも参与した学生たちが、そして教員が豊かな経験を与えられてきたと言える。その意味で関西労働者伝道はフィールドワーク教育の原点であると言えるであろう。

一九七〇年代以降もインターン制度に参加した大学院生が出ているが、その中から現在の関西労伝専従の大谷隆夫氏の働きが挙げられるし、あるいはまた、SCM現場研修や神学部自治会の越冬支援の活動経験から、ルーテル教会の喜望の家でアルコール依存の問題に取り組まれた秋山仁氏や、北九州でホームレス支援の運動を担っておられる奥田智志氏などの取り組みなどは特筆すべきことであろう。

むすびにかえて

関西労伝からは、その関わりを通して今日のミニストリー論や教会論、宣教論などに関係する多くの重要な神学的問いかけを受けてきている。最近では、神学部の新たな取り組みとなるディアコニア・プログラムの設立を記念する神学セミナーーシンポジウムにおいて、小柳伸顕氏は、「釜ヶ崎キリスト教協友会は、その歩みを通して一人ひとりのメンバーが〝命どう宝〟〝肝苦りさ〟〝人を人として〟をいつも心にとめて活動してきたと思います。ビンセンシオ・ア・パウロ（愛徳姉妹会創設者）に倣い、プロテスタント的に言えば、『街路を教会とする』とでも言えます」と語っておられる。(7)

この「街路を教会とする」という一言に、それまでの長年の取り組みが凝縮しているような重みがこめられているが、それは制度的教会の壁の外に苦悩する人間に働きかける神の宣教に関わるものであり、顕在的教会との対比で語られる「潜在的教会」（ティリッヒ）にも呼応する、優れた教会論的表現と言える。

さらに、今日のエキュメニカルな宣教論との関連では、世界教会協議会（ＷＣＣ）中央委員会が、二〇一二年に採択した世界宣教伝道委員会の『いのちに向かって共に：変化する世界情勢における宣教と伝道のあり方』という合意文書、その中で、「周縁（マージナル）からの宣教」という項目では、次のように記されている。

「イエス・キリストは、社会の中で周縁に追いやられた人々と関わり、彼らを迎え入れて、いのちを否定するすべてのものに立ち向かい、変革しようとする。それは広範な貧困や差別や非人間化を生み出し維持する文化や体制、さらに、人々や大地を搾取し破壊する文化や体制を含んでいる。周縁からの宣教は、複雑に絡み合う力関係、グローバルな制度と構造、そして各地の歴史的・社会的事情についての理解を求めている。しばしばキリスト者の宣教は、神が周縁に追いやられている人々に連帯していることを無視して理解され、実践されてきてしまった。それゆえ周縁からの宣教は、いのちの充溢がすべての人に開かれているこの世界のために働く、聖霊による召命として宣教を理解し再考するよう、教会に求めるのである。[8]」

このような宣教論的表現は、関西労働者伝道がこれまで取り組んできた使命を適切に言い表していると言えるのではないだろうか。

（関西学院大学神学部教授）

〈注記〉

（1）拙稿「暁明館の成立と変遷—関西学院社会奉仕会の足跡を求めて」（『関西学院史紀要』一九九二年三月）

（2）竹中正夫編『働く人間像を求めて—関西労伝ノート・その二〇年』（新教出版社、一九七八年）。関西学院大学神学部関係では、大上弘（一九五六～五七年、神戸海員組合）、大田義弘（一九五九～六〇年、海員組合）、鈴木昭吾（一九六〇～六一年、神戸ゴム地域）、上谷二夫（一九六一年、国鉄神戸同志会）、高崎祐士（一九六二年、播但地区）、金田弘司（一九六二年、堺コンビナート）、荒川純太郎（一九六五年、同盟、大阪東淀川地区）、西井潔（一九七六年、生野区KCC）の名が、さらにその後では、東栄（一九七八年、釜ヶ崎）、浦上結慈（一九七九年、）、横山潤（一九八三年、大阪西成教会の子どもの教会）、大谷隆夫（一九八五年、釜ヶ崎）、斉藤成二（一九八六年、釜ヶ崎）ほかの名があげられている（敬称略）。

（3）拙稿「釜ヶ崎・生野一日研修　教育に現場の臨場感を」（『労伝後援会便り』一三号、一九八五年六月二〇日）

（4）拙稿「一九九一年度フィールドワーク報告」（『関西学院大学神学部報』第五九号、一九九二年六月）

（5）日下部遣志「釜ヶ崎・生野一日現場研修」（『関西学院大学神学部報』第五九号、一九九二年六月）

（6）榎本てる子「キリスト教社会実習」（『関西学院大学神学部報』第一〇〇号、二〇一二年一一月）

（7）小柳伸顕「人を人として」（『関西学院大学神学部ブックレット八　教会とディアコニア』キリスト新聞社、二〇一六年、一一六頁）

（8）WCC世界宣教伝道委員会『いのちに向かって共に：変化する世界情勢における宣教と伝道のあり方』（村瀬義史訳、キリスト新聞社　近刊予定）

2009年度　関西労伝インターン実施要綱

関西学院大学神学部
関西労働者伝道委員会

◇目　的	関西学院神学部大学院に対し、宣教の課題として大阪釜ヶ崎地区の日雇労働者、野宿生活者に対して人権と暮らしを守る活動を展開する関西労伝の働きに参加する機会を提供することを目的とする。 インターン生が「寄せ場」と呼ばれる現実に触れながら日本社会の構造と矛盾を考察する事が出来る機会を提供するものとする。
◇共同開催	本事業は関西学院大学神学部と関西労働者伝道委員会の共同で行なわれるものであることを確認する。
◇活　動	インターン生は月５回程度、大阪釜ヶ崎地区において活動する。 活動の場所の中心地　釜ヶ崎医療連絡会、病院訪問、 キリスト教協友会活動に参加する、 関西労伝委員会に出席する。その他
◇指　導	関西学院大学神学部教授　神田健次（関西学院大学神学部長） 関西労働者伝道委員会代表　小柳伸顕（近江平安教会） 関西労働者伝道委員会代表　村山盛忠（兵庫教会） 〈現場指導〉 関西労働者伝道委員会　大谷隆夫（関西労伝専従者）
◇報　告	インターン生は関西労伝年度報告会で１年間の活動報告をする。
◇研究費	関西学院大学神学部は月額10,000円を補助する。
◇活動費	関西労働者伝道委員会は月額10,000円を補助する。
◇事務局	関西学院大学神学部事務室 関西労働者伝道委員会　　高見敏雄

※翌 2010 年には、同志社大学神学部との間で実施要綱を確認。

Ⅱ　日雇い労働者の町・釜ヶ崎で

（一九九二年〜現在）

第四章　「釜ヶ崎」の問いに応えて

大谷　隆夫

はじめに

関西労働者伝道委員会（以下、関西労伝）前専任者の小柳伸顕さんから、「大谷さん、関西労伝の専任者として釜ヶ崎で働いてみませんか」と声を掛けられ、一九九二年から働き始めたわけですが、早いもので、今年で二四年目に入ります。

引き継いだときは、「とりあえず一〇年ぐらいは頑張らねば」と考えていましたが、二〇年を超えてもなお続けることができていることは、ほんとうに驚きです。何よりも多くの方々からお祈りと支えがあったからこそ、今があるのだと、あらためて感謝しています。

この二四年間にわたる取り組みは、第一期（一九九二～二〇〇三年）、第二期（二〇〇四～二〇〇九年)、第三期(二〇一〇年～現在まで)の大きく三つの時期に分けることができます。以下、各期に分けて報告することにします。

なお、年末・年始の越冬活動や現場研修などについては別に章で触れることにします。また、わたしにとって最も忘れることのできない「佐藤訴訟支援」の活動と、衝撃的だった「四・五釜ヶ崎大弾圧事件」については、あらためて第五章で取り上げます。

一九九二年から二〇〇三年

林建設公判支援

わたしが釜ヶ崎で働き出した一九九二年という年は、バブル景気が崩壊した直後の年でした。釜ヶ崎の日雇(現金)求人総数は、一九六一年度から始められた西成労働福祉センターの調査によると、バブル景気最盛時の一九八九年度では求人総数は一九〇万人ほど。これがバブル景気崩壊直後の一九九二年度は約一〇〇万人、と実に五割近く求人総数が減少したことになります。

ここで、釜ヶ崎での就労形態について紹介すると、「人夫出し業者」から送り出された「手配師」と呼ばれる求人者と労働者が直接交渉して雇用関係を結ぶ「相対方式」というやり方が一般的です。この方式は、仕事がたくさんある時には労働者には有利ですが、仕事が少なくなれば、手配師の意のままに労働者が選抜されることになります。仕事が少なくなった時に、手配師が自分の

1993. 7. 労伝後援会便り　No.21

労伝後援会便り

（大谷隆夫さんと共に歩む会）

大阪市中央区高麗橋2-6-2
浪花教会内
関西労働者伝道委員会
（大谷隆夫さんと共に歩む会）
郵便振替　大阪6-7782　関西労働者伝道後援会
大阪1-133123　大谷隆夫さんと共に歩む会

1993-7

愚直に生きる大谷さんに支援を

小　柳　伸　顕

大谷隆夫さんにはじめてお会いしたのは何時だったか確かな記憶はありません。インターン生として釜ヶ崎で会ったのがあるいは初めてかも知れません。

無責任と言われそうですが、どうして大谷さんが労伝のインターン生を希望したか明確なことはいまもって聞いたことがありません。

その頃、関西学院大学からは釜ヶ崎自主講座に属する学生たちが、医療連の活動や越冬支援で釜ヶ崎に出入りしていました。もちろん大谷さんも自主講座の連中と交流はありましたが、インターン生になったとき、金井愛明さんに支援をお願いしました。

いこいの家に住み込み、そこで釜ヶ崎キリスト教協友会の若い人々と交流しながら、インターン生としての実習を積み重ねることになりました。いこいの家は、金井愛明さんが運営する釜ヶ崎の一拠点です。かつては、釜ヶ崎地域問題研究会の若いメンバーたちがお世話になった場でもありました。

大谷さんは、インターン生を終えても再度、関西学院大学にはもどりませんでした。それは、大谷さん自身も語っているように一九八七年の越冬期におけるかれ自身への官憲の弾圧が直接の契機でした。越冬期の大谷さんは、いつも闘いの先頭にいました。もちろん、そこには協友会に属する若い人たちや組合の労働者もいました。

かれは、神学部の教師たちからの勧めや金井愛明さんの勧めに対してもかたくなに拒否し、とうとう退学してしまいました。

それからの大谷さんは、釜ヶ崎の一日雇労働者として働きながら、いろいろな活動に参加するようになりました。働く大谷さんは、端から見ていて愚直でした。決して格好よくはありませんでした。長靴をはき、作業着に身をかためた大谷さんは、他の協友会の若者たちのように労働者スタイルがお似合いとはとても言えませんでした。むしろ働くことが苦手にさえ見えました。

しかし、働きながら日本基督教団の教師試験にいどみました。三年がかりで全科目に合格しました。ある年の試験で、試験委員（教師検定委員）が、日雇労働者の大谷さんに同情しました。大谷さんは、同情を拒否しました。

補教師試験に通ったことを知った労働者たちは、大谷さんが釜ヶ崎を去るのではないかと心配しました。かれが、「それはない」と言ったとき、安心した労働者の顔は忘れることが

（裏面に続く）

1

好みの労働者しか選抜しないやり方を、釜ヶ崎では「顔付け」と言うのですが、一九九二年七月三日、露骨な顔付け手配を行っていた林建設の求人車が二人の労働者によって火を付けられ、求人に来ていた手配師も火傷を負う事件（林建設事件）が起きます。この事件を起こしたWさんは、事件当日に逮捕。また、もう一人のIさんは、一一月三日に逮捕され、いずれも殺人未遂で起訴されたのです。

起訴された二人の労働者を支援するため、「釜ヶ崎・顔付け―暴行に対する抗議事件救援会」が結成されましたが、釜ヶ崎でのわたしの最初の活動が救援会のメンバーとしての取り組みでした。二人が拘留されている大阪拘置所への面会、そして公判傍聴、さらには、二人の刑が少しでも軽くなるための嘆願署名を集めるための活動等に取り組みました。一九九四年三月一五日には二人に懲役四年六ヵ月の判決が言い渡されました。判決の一ヵ月前に出された検察官からの求刑

は八年でしたから、判決は大幅な減刑と言えますが、有罪判決であることに変わりはありません。

前後しますが、一九九二年に釜ヶ崎で起きた出来事の中で忘れてはならないもう一つの事件に、大阪市民生局の「緊急援助金」の一方的な打ち切りがあります。大阪市民生局の釜ヶ崎の出先機関である大阪市立更生相談所（以下、市更相）に向けて釜ヶ崎日雇労働者によって抗議行動が続けられました。

市更相は相談に来た労働者に対して一人一日二千円を限度に金を出し始めたのですが、連日、五〇〇〜八〇〇〇人の労働者が相談窓口に並ぶようになり、僅かに一〇日ほどで財源がパンクしたため、緊急援助金の業務を一方的に打ち切ったのです。まさに無策の典型のような大阪市のやり方に対して、労働者が抗議の声を上げるのは当然でした。どうすれば、景気の好・不況に左右されずに、日雇労働者の就労・生活保障が実現していくのか。こういったことを、救援会の取り組みやその後に起きた市更相に対する労働者の抗議行動を通してあらためて考えさせられました。

反失連の取り組み

林建設事件、そしてその後の市更相に対する抗議行動を経て、これらの出来事の背景にある就労問題に具体的に取り組んでいくために、一九九三年九月、釜ヶ崎で活動している各団体や有志によって「釜ヶ崎就労・生活保障制度実現を目指す連絡会」（以下、反失連）が結成され、具体的な取り組みを開始しました。

翌年の六月からは、大阪城公園内に野営地を設置し、そこで、二〇〇名を超える釜ヶ崎日雇労働者が連日泊まり込み、大阪府や市へのデモンストレーションを行い続けました。当初、大阪府は話し合いにすら応じようとせず、この対応に抗議の意思表示として府庁前で座り込みを行うと、警察の力を使って排除しようとする始末です。しかし、仕事もなく泊まる所もない労働者には、もう後がありません。警察の力によって一度は座り込みを排除されても、今度は別の場所で座り込みを行うなど、連日にわたって抗議しました。このような形のデモンストレーションを続けるなか、六月二四日、反失連が梅雨時期の緊急野宿対策として要求していた、あいりん総合センター（大阪府の労働対策として一九七〇年に開所される。あいりん労働公共職業安定所、西成労働福祉センター、大阪社会医療センター付属病院が入っている）一階の夜間開放について、「開放の方向で検討している」との言明を引き出したのです。もっとも一階部分の開放といっても、夜間にいつも閉まっているシャッターを開けるだけの、行政にとっては基本的に経費のかからない安易なものですが、今まで梅雨時の緊急対策を何も行ってこなかった行政を多少なりとも動かしたということは言えると思います。

わたしも梅雨期の反失連の取り組みに参加し、あらためて思ったことは、権力を持った人間を、たとえ半歩といえども譲歩させるためには、搾取されている側の人間が団結し、具体的な取り組みを続けていかねばならないということでした。

藤本彰男さん殺害事件が与えた影響

バブル景気が崩壊し、野宿者が急増するなか、一九九五年一〇月一八日には野宿者の藤本彰男さん（当時六三歳）が大阪ミナミの戎橋から一人の若者に道頓堀川に投げ込まれ死亡するという、たいへん痛ましい事件が起きます。この事件を通してあらためて思ったのは、どうすれば、景気の好・不況に左右されずに日雇労働者の就労・生活保障が実現していくのかという問いをさらに一歩進めて、実現していくための取り組みを具体的に続けていかねばならないということでした。

この思いの中で取り組んだのが釜ヶ崎医療連絡会議（以下、医療連）の活動で、野宿者に適切な生活保障（生活保護）が実現するために、まず大阪社会医療センター前で机を出し、相談に来た労働者一人ひとりの話を聞いた上で、釜ヶ崎日雇労働者の福祉事務所である市更相まで一緒に付き添い、相談に応じた職員の対応を監視する取り組みでした。一緒に付き添った労働者の相談が却下された場合は、わたしも医療連のメンバーの一人としてその場で抗議し、一人ひとりに見合った生活保護が利用できるように最後まで見届けました。相談を却下することが常態化していた当時の職員の対応に対抗していくには、この付き添い監視行動は、ある意味、やむを得ないやり方だったと思います。

しかしながら、このやり方も万能ではなく、バブル景気が崩壊し、市更相に相談に行く労働者の数も急増する中で、定員の決まっている収容保護だけで、すべての相談者に対応するというのは、医療連がどんなに付き添い監視行動を行っても物理的に無理だったのです。根本的に市更相のやり方を変えさせていかねばならない。これが当時の医療連に問われた課題だったのです。

佐藤訴訟、高裁で勝訴確定

生活保護は、「居宅(アパート)保護」が原則(生活保護法三〇条)であるにも拘わらず、釜ヶ崎では長い間、本来は例外でしかない「収容保護」が原則であるという違法な対応を市更相職員は取り続けてきたのです。この対応を根本的に改善させたのが、一九九八年一二月二日、釜ヶ崎日雇労働者の佐藤邦男さん(当時六六歳)が、市更相を相手取って起こした裁判でした。長引く不況と難聴というハンディキャップのため、野宿生活を余儀なくされていた佐藤さんは、前年一〇月二〇日、アパートでの生活保護を申請したのですが、この佐藤さんの申請に対し、市更相は一方的に収容保護の決定しか下しませんでした。この決定の取り消しを求めて佐藤さんは裁判を起こしたわけですが、提訴当時、佐藤さん側の弁護士の予測は、「この裁判は最高裁まで争う裁判になるだろう」というものでした。しかしながら、原告、さらには弁護団や当時の医療連スタッフの努力によって、二〇〇三年一〇月二三日、大阪高裁で佐藤さん勝訴の判決が出ました。市更相、大阪市は上告を断念。この結果、この裁判は高裁で佐藤さんの勝訴が確定したことになったわけです。

ピーク時には全国で三万人近く、大阪府では一万人を超えていたと言われる野宿者総数ですが、佐藤訴訟の勝訴確定、野宿から居宅保護への道が開かれたことによって野宿者総数は年々減少し、厚生労働省によって実施された「ホームレスの実態に関する全国調査」（二〇一五年）によると、全国では六五四一人、大阪府では一六五七人となっています。佐藤邦男さんというたった一人の労働者が起こした裁判が、ここまで全国的に影響を及ぼすとは思ってもいませんでしたが、関西労伝専任者として佐藤訴訟に少しでも関われたことは大きな喜びでした。

二〇〇四年から二〇〇九年

強制排除に反対する

佐藤訴訟の勝訴確定によって野宿から居宅（アパート）保護への道が開かれたものの、居宅保護が法律の理念どおりに直ぐに運用されるようになったわけではありません。年齢が若い人や、ある程度、身体の元気な人にとっては、まだまだハードルの高い制度でしかありませんでした。結果的に多くの労働者はあちこちの公園でテントを張り、そこでの野宿生活を余儀なくされていたのです。しかしながら、大阪市は二〇〇六年一月三〇日には靭、大阪城公園、そして翌年二月五日には長居公園で野宿生活を続けている労働者のテントを強制撤去します。大阪市の言い分は、世界バラ会議大阪大会、全国都市緑化おおさかフェア、世界陸上大阪大会を開催するにあたって、公園整備工事が必要だが、その際にテントが支障をきたすために強制撤去を行った、といったものでした。が、これは名目に過ぎません。全国各地、あるいは世界各国から訪れる人々に野宿の実態を見せたくないというのが大阪市の本音だと想像されます。

靭、大阪城公園、そして長居公園で行われた強制排除当日の現場で、集まった支援の人たちと共に最後まで「強制排除反対」の声を上げ続けました。この取り組みを振り返り、今あらためて思うことは、「本音」と「建て前」をうまく使い分け、そのことに何ら疑問を持たない行政＝社会に対する、わたしたちなりの抗議行動であったと言えます。

住民票削除に反対する

長居公園で強制排除が行われた翌三月二九日、大阪市は釜ヶ崎解放会館など三施設を住所とする釜ヶ崎日雇労働者二〇八八人の住民票を一斉削除しました。一斉削除の契機となったのが、釜ヶ崎解放会館での住民票で住基カードを不正取得し、他人になりすまして二重結婚していた元警察官の逮捕でした。そもそも他人の住民票で住基カードが簡単に作れることに問題があるのですが、マスコミの関心はそのことには向かないで、居住実態のない大量の住民登録が問題であるという論調で、一二月七日から連日にわたって報道するようになります。そして、この報道に呼応し、統一地方選告示日前日の三月二九日、居住実態のない住民票が多数ある状態で選挙をすると、選挙無効の恐れがあるという理由で、僅か三ヵ月足らずで釜ヶ崎日雇労働者二〇八八人の住民票を一斉削除したのです。

釜ヶ崎解放会館での大量の住民登録の問題は、実は一九九六年一〇月一八日の朝日新聞で報道されました。が、その時は何も問題にならなかったし、医療連事務所で、野宿を余儀なくされている労働者から相談があった時などは、釜ヶ崎解放会館の住所で住民登録をするようにアドバイスをしていました。そのことが役所で問題になることもなかったのです。このような状況にも拘わらず、大阪市は、何故、住民票を一斉削除したのでしょうか。

背景として見過ごすことができないのは、バブル景気崩壊以降、年々、減少し続けている釜ヶ崎の就労状況です。二〇〇七年度には日雇求人総数は六〇万人を割り、バブル景気最盛時と比較すると、三分の一ほど減少したことになります。ゼネコンや土木建設業界にとって、もはや不要になった釜ヶ崎日雇労働者に住民票などは必要がないということが、今回、住民票を一斉削除した大阪市の本音ではなかったたか。

住民票が削除されてしまうと、様々な権利が奪われてしまうのですが、その最大の権利は選挙権です。住民票削除に向けての大阪市の動きに対して、これを何とか食い止めるために、わたしは住民票削除に反対するデモや大阪市との交渉など、さまざまな取り組みに削除前日まで参加し続けました。その中で、仮に住民票を一斉削除するにしても、何らかの別の手立てを大阪市は実施すると思っていました。しかしながら、住民票一斉削除から、まもなく一〇年が経過するのですが、いまだ釜ヶ崎で野宿を余儀なくされている労働者は住民登録ができず、その結果として選挙ができないという状態が続いています。

なぜ、抗議行動が西成警察署前で

二〇〇八年六月一三日から一八日まで西成警察署の前には労働者が集り、西成警察署員の暴行に抗議しました。ことの起こりは飲食店（たこ焼き屋）でのトラブルがあり、西成警察署に連れていかれた労働者Nさんが取り調べ室で警官からいきなり「おっさん、そうとうな悪やな」と罵声を浴びせられ、頭などをなぐられ、首をヒモでしばられるという事件が起こりました。これに対する抗議です。西成警察署は、暴行自体、なかったと言いますが、本人は、テレビカメラや弁護士の前で暴行の事実を話しています。そして、三〇〇人もの労働者が、連日、抗議行動を続けたという事実自体が、いかに西成警察署が日常的に釜ヶ崎日雇労働者に暴行を加え続けてきたかということを何よりも証明するものです。

釜ヶ崎地域合同労働組合の委員長が道路交通法違反の容疑で逮捕されたことにより、西成警察署前の抗議行動はひとまず終息しましたが、この抗議行動で逮捕された労働者（一八人、六月一八日現在）を救援するために「六・一三救援会」が結成され、わたし自身もそのメンバーとして救援活動に取り組みました。また、暴行を受けたNさんが起こした裁判支援にも加わりました。一審、二審とも、裁判所は大阪府（大阪府警）側の主張だけを採り入れた不当判決を繰り返しました。わたしは、警察官の犯罪行為を立証することの困難さをあらためて思い知らされると同時に、日本の刑事司法制度においても、最近になってようやく動き出した取り調べの可視化（全過程の録画）のさらなる拡大が早急に必要であることも思い知らされました。

集団生活保護申請・終日監視行動

バブル景気崩壊以降、年々、減少し続けていた釜ヶ崎の就労状況ですが、二〇〇八年度はリーマン・ショックのあおりを受け、年間の日雇求人総数はついに五〇万人を割るに至ったのです。ともかく、これだけ仕事が無い状況では、労働者としても福祉に頼らざるを得ません。しかし、こういった厳しい就労状況にあっても、釜ヶ崎日雇労働者の福祉の窓口である市更相は、少しでも身体の元気な労働者や、年齢の若い労働者にはなかなか居宅保護を認めようとはせず、施設等が一杯になったからという理由で、相談に来た労働者の多くを門前払いにし、野宿へと再び追いやっていたのです。

この状況を一変したのが、二〇〇九年二月四日から「失業と野宿を考える実行委員会」(釜ヶ崎やその周辺で野宿を余儀なくされている労働者の支援活動を続けている民間の諸グループ、個人の連絡会。医療連も構成メンバー。以下、矢野実)によって取り組まれた、市更相に対する集団生活保護申請、終日監視行動でした。

二〇〇九年二月四日から六日、毎朝七時から九時、メンバーは広く釜ヶ崎日雇労働者に呼びかけ、朝の寄り場である、あいりん総合センター一階で相談会を行い、その場で実際に生活保護申請書を書いてもらい、その後、市更相に申請書を集団で提出しました。市更相がどうしても労働者を野宿に追いやる対応を続けるのであれば、泊まり込みも辞さない構えで職員の対応を監視し続けました。結果的に野宿に戻される労働者は誰一人としていなかったようですし、生活保護を申請した労働者の内、七〇人を超える労働者は居宅保護を利用できるようになったのです。「ほんとうに仕事が無くて、首を括ろうと思ったが、とりあえず先のメド（＝生活保護が利用できる）が見えて良かった」。あいりん総合センター一階で続けた朝の相談会に来られた一人の労働者の言葉を聞いた時には、今回の行動に取り組んでほんとうに良かったと思いましたし、この取り組み以後は、年齢、病状に関係なく、生活に困っていれば、釜ヶ崎でも居宅保護を利用できるようになったのです。しかしながら、根本問題である就労状況はさらに悪化の一途をたどり、二〇〇九年度の年間の日雇求人総数は四〇万人を割るに至ったのです。

二〇一〇年から現在

四・五釜ヶ崎大弾圧事件

前節でも取り上げた二〇〇七年三月二九日の釜ヶ崎解放会館等での住民票一斉削除の事件以降、釜ヶ崎では選挙が行われる投票所で、住民票を削除された労働者の一刻も早い選挙権の回復を目的とした抗議行動が毎回取り組まれました。民主主義の根幹である選挙権が、住民票を削除された労働者（野宿者）には与えられないという事態はどう考えてもおかしいので、わたしもほぼ毎回、この抗議行動に、選挙権を与えられている者の責務として参加し続けたのです。

ところが、この抗議行動が「威力業務妨害」の罪に当たるとして、二〇一一年四月五日、抗議行動に参加した者の内、七名が令状逮捕され、その内の四名が起訴されるという事件が起きたのです。四名の内の一人にわたしも含まれました。一一一日間にわたる警察署、大阪拘置所での劣悪な拘留生活と、その後、引き続いて行われた裁判の中でいろいろなことを考えさせられました。

あらためて痛感したのが、この国の民主主義のレベルの低さです。民主主義の根幹である選挙権が、住民票を削除された労働者（野宿者）には与えられないという事態に抗議をした者を、権力（警察）を使って弾圧し、裁判所もその弾圧行為を黙認したのです。景気が良かった時は釜ヶ崎日雇労働者を利用するだけ利用しておきながら、景気が悪くなると、野宿を余儀なくされている労働者の選挙権までも奪う姿勢に何の疑問も感じない大阪市（＝行政）の姿勢もあらためて痛感しました。そして、この大阪市（＝行政）の姿勢を根本的に改めさせることが、わたしの今後の釜ヶ崎での働きの一番大きな課題だと思いました。

逮捕の経緯、拘置所での生活、支援活動、判決文など、詳細は第五章で詳しく記述します。

大阪・梅田の野宿者襲撃殺害事件

二〇一二年一〇月一二日から一四日にかけ、ＪＲ大阪駅高架下で寝泊まりを続けていた野宿者が少年グループによって襲撃を受け、富松国春さん（当時六七歳）が亡くなるという事件が起きました。野宿者への襲撃事件は相変わらず絶えることはなかったものの、殺人にまで至った今回の事件は、第一期（一九九二年〜二〇〇三年）の取り組みの振り返りの中で詳述した藤本彰男さん殺害事件を彷彿とさせるものでした。ともかく、大阪・梅田の繁華街で、野宿者が襲撃を受けて亡くなるという事件は、釜ヶ崎で長年、野宿者への支援活動を続けてきた諸団体・個人にとっては衝撃的な出来事でした。急遽、これらの諸団体・個人によって「梅田の野宿者襲撃殺害事件を考える実行委員会」が立ち上げられ、この事件についての集会やシンポジウム、大阪府教育委員会との話し合い、殺人事件を起こした少年グループの裁判傍聴などが続けられたのです。

私たち実行委のメンバーは、今回の裁判の中で、なぜこのような残虐な連続襲撃が少年たちによって引き起こされたのか、このような事件を繰り返さないために何が必要なのかといった事件の背景等が裁判の場で明らかにされることを望んでいましたが、検察、弁護人、裁判官からは何ら示されることはありませんでした。事件を起こした四人の少年たちは大阪高裁判決で有罪判決が確定し、現在、服役していますが、殺意の有無と行為の内容しか審理しない裁判ではなく、事件の背景等まで突っ込んだ審理を行う裁判に変わっていくためにはどうしたらよいのか。どういった取り組みが必要なのか。これらの課題克服のための取り組みをこれからも模索していかねばならないことをあらためて思い知らされました。

生活保護基準大幅引き下げに反対する

バブル景気崩壊と、それに追い打ちをかけるリーマン・ショックの影響等により、不況が全国化するなか、生活保護利用者も急増し、二〇一一年には過去最多の二〇五万人に到達しました。

しかし、日本の人口（約一億二七〇〇万人）から考えると、生活保護利用者の割合は、僅か一・六パーセントにすぎません。また、日本の生活保護捕捉率（生活保護を利用する資格のある人のうち現に利用している人の割合）は二割程度にすぎず、仮に日本の補足率をドイツ並みに引き上げると、利用者は七一七万人になると言われています。一人ひとりに見合った雇用保障が基本だとはいえ、それが直ぐに実現できないのであれば、国は、もっと多くの人が生活保護を利用できるようにすべきです。しかしながら、国が行ったのは真逆の対策で、それが二〇一三年八月から三回にわたって行われた生活保護基準大幅削減でした。この国の暴挙に対し、全国で一万件（釜ヶ崎からは三〇件）を超える審査請求が起こされました。そして、大阪でも五一人の生活保護利用者が原告となり、二〇一四年一二月一九日、生活保護費大幅削減の取り消しなどを求めて、大阪地裁に提訴したのです。

翌年一〇月一九日に行われた裁判では、原告の一人である医療連副代表理事・越前和夫さんが、「生活保護基準の引き下げによって、私が私らしく生きられないというのはたいへん苦痛である」という趣旨の意見陳述を行いました。越前さんの意見陳述を聞いて、あらためて思い出したのが朝日訴訟の一審判決文です。この判決文の中で裁判所は、憲法二五条が定めている「健康で文化的な生活」とは「国民が単に辛うじて生物としての生存を維持できるという程度のものであるはずはなく、必ずや国民に『人間に値する生存』あるいは『人間としての生活』といい得るものを可能ならしめるような程度のものでなければならないことはいうまでもないであろう。」と述べています。今回、大阪のみならず全国各地で続けられている、生活保護基準大幅引き下げをめぐる裁判は、憲法二五条が定める「人間らしく生きる権利」とはそもそも何であるかをあらためて問い直す裁判であるとも言えます。

朝日訴訟一審判決から五〇年以上を経た今日、裁判所が今回の生活保護基準の大幅引き下げに対してどのような判断を下すか、これからもこの裁判の行方は粘り強く見届けていかねばと考えています。

花園公園強制排除に反対する

二〇一六年二月二日、大阪市は花園公園内外に設置されているFさんとUさんに寝場所を提供してきた釜ヶ崎地域合同労働組合所有の二つのテント等に対して、二月五日を期限とする除却命令書を出してきました。その中には、「除却が履行されないときは、行政代執行法の規定に基づき、大阪市が代わって除却（強制排除）する」という内容も書かれていて、すでに手続きに入ったことの通告でした。この突然の強制排除の動きに対して、何とかこれを中止させるために「強制排除に反対する釜ヶ崎の会」が立ち上げられ、わたしも以後、この会のメンバーとして強制排除に反対する取り組みを続けてきました。しかしながら、新しい年度に入る直前の三月三〇日、大阪市は多くの反対の声を押し切り、花園公園内外に設置されているUさんが使用していた釜ヶ崎地域合同労働組合所有のテントとFさんのテント、看板等を一〇〇人以上の市職員、警察官を動員して強制撤去しました。

いったい何故、今回、大阪市は強制排除を行ったのでしょうか。

思い出したことですが、二〇一四年四月四日、当時の橋下徹大阪市長と松井一郎大阪府知事、三浦正充大阪府警察本部長は、薬物売買やごみの不法投棄対策として、現行の監視カメラの設置台数（一四台）を大幅に増やすという計画を発表しましたが、あれから二年を経た現在では一〇〇台を超える監視カメラが釜ヶ崎地域内のあちこちに設置されています。

監視カメラ大幅増の計画が明らかにされた当時は、この計画の真の狙いはよく分かりませんでしたが、長年、釜ヶ崎で活動を続け、野宿者ネットワークの代表も務める生田武志さんが、今年に入って著された『釜ヶ崎から——貧困と野宿の日本——』（ちくま文庫）の中で、松井大阪府知事が二〇一三年六月、アメリカ・ニューヨークのハーレム等を視察して帰国後、「大阪のど真ん中にあるあいりん地域がニューヨークのハーレムのように変われば、大阪の成長に好影響を与える」という言葉を発しているということを知った時に、監視カメラ大幅増の計画と、今回の花園公園強制排除の動きの真の狙いは同じであるということをあらためて知らされました。

ニューヨークのハーレムと言えば、〝貧民街〟というイメージを持つ人が未だ多いですが、近年は中・上流階級層の人たちの地域に変わりつつあると言われています。そして、この変化を生み出したのが「ジェントリフィケーション」（地域の高級化）という考えに基づくまちづくりであったようです。

要するに、大阪府・市が監視カメラを大幅に増やしたのは、釜ヶ崎の見た目を良くして、アメリカ・ニューヨークのハーレムと同じように、釜ヶ崎から貧しい人たちを追い出し、中・上流階級層の人たちの地域に釜ヶ崎を作り変えるところにその真の狙いがあると言わざるを得ません。そして、今回の花園公園での強制排除も、「ジェントリフィケーション」の流れの中で行われたと言えます。この流れにどう抗していくのか。この課題は釜ヶ崎で活動を続けているすべての団体に問われています。

越冬活動、セミナー、交流活動

大阪市は大阪南港に臨時宿泊所（以下、臨泊）を設置し、野宿を余儀なくされている労働者に、無料で寝場所や食事等を提供する越年対策事業を毎年続けてきました（大阪南港での越年対策事業は二〇一三年度で終了。二〇一五年度からは、新たに釜ヶ崎で開設された新あいりんシェルター、三徳寮ケアセンターの二つの施設が臨泊として提供された）。

臨泊入所の受付相談は、毎年、市更相で行われているのですが、必ずしも、希望者全員が臨泊に入れるわけではなく、少しでも年が若かったり、元気な労働者は相談が却下される場合があります。そうなると、却下された労働者は冬の寒空のもと、野宿を強いられることになります。このようなことがないように、市更相で行われる大阪市職員の受付相談を監視する行動を、年末・

年始は毎年行ってきました。二〇一五年度の臨泊入所者総数は四四八人で、かつて三千人ほどの入所があった年のことを考えると、人数的には大幅な減少です。しかしながら、未だにこれだけの労働者が年末・年始は臨泊に頼らざるを得ないという現実は、きちんと受け止めなければなりません。

釜ヶ崎での日常的な取り組みと並行して、釜ヶ崎キリスト教協友会（以下、協友会）主催の越冬セミナーや夏期ゼミ、SCM（学生キリスト者運動）が実施する現場研修にも協力してきました。釜ヶ崎やその周辺地域で、野宿を余儀なくされている労働者と出会うという体験自体が最初は大きな驚きであったのが、時間が経過するにつれて、そのこと自体にあまり疑問を持たなくなる自分自身の意識を常に問い直してくれたのが、協友会やSCMが主催するこれらの機会でした。特に、初めて釜ヶ崎を訪れた者からしか聞くことのできない感想は、とても刺激的でした。また、現場研修で実際に出会う野宿者自身の生きざまと言葉は、常に日常的な支援の在り方を問い直すものでした。

韓国のキリスト者グループとの交流・学びの集いも刺激的な体験でした。四・五釜ヶ崎大弾圧事件が起きる前年（二〇一〇年）の一〇月には、韓国の済州島で、第一〇回目になる日本・韓国都市農村宣教（URM）協議会が開かれましたが、この時の韓国の牧師との交流は忘れられない体験となりました。特に協議会終了前日の交流会で、韓国の牧師たちが、一九八〇年五月に起きた光州蜂起の闘いの中で斃れていった仲間を称える歌を歌っていたのですが、この場面も、わたしにとっては忘れられない光景でした。翌年起きた四・五釜ヶ崎大弾圧事件で、四ヵ月近く拘留されていた時には、この時の光景をよく思い出しては、「こんな弾圧に負けてはならない」と励みにしたものでした。

ひとりのキリスト者として

「怒り」で始まった釜ヶ崎の関わりも、気がつけば、二四年目に入りました。何に対して怒り続けてきたのか。それは、経済大国になったと言われるこの国で野宿を余儀なくされている日雇労働者が多数存在し続けているという現実に、また、二〇〇七年以降は住民票削除の問題、野宿を余儀なくされている釜ヶ崎日雇労働者は選挙権すら保障されていないという現実に対してでした。この「怒り」を原動力として、この二四年間は一言で言うならば、野宿を余儀なくされている釜ヶ崎日雇労働者が一人でも多く生きる権利を保障され、尊厳を持って生きられようにするための取り組みでした。

「国境なき医師団日本」の支援によって釜ヶ崎に事務所を開設（二〇〇五年五月）してからは、医療連事務所での相談活動が取り組みの中心になりましたが、強制排除に反対する取り組みや、手配師や警察官に抗議して逮捕された労働者の救援活動など、やれることは何でも取り組んできました。それが時には、救援会や協友会の取り組みでもあったわけですが、より根本的には一人のキリスト者としての歩みであったように思います。

監視カメラの大幅増設、花園公園での野宿者強制排除、そして最近の新聞報道等によって明らかになった釜ヶ崎のセンターの建て替え、縮小の動きなど、街そのものを潰していこうという流れがいよいよ明らかになってきています。しかしながら、釜ヶ崎の街を単に潰すだけのやり方だけでは貧困者が全国各地に散らされるだけで、何の解決にもならないことは明らかです。貧困者を生み出す構造そのものを根本的に変えていかねばならないし、それは、結局、一人ひとりの釜ヶ崎日雇労働者の生きる権利と尊厳を保障するということに尽きると思います。このためにどういった取り組みを具体的に行っていくのか。イエスがもし、今の釜ヶ崎に居たならどういった行動を起こすのか。右往左往、試行錯誤しながら、これからも釜ヶ崎で、関西労伝専任者としての働きを続けていきます。

これまで多くの方々から寄せられたお祈りとお支えに、特に摂津富田教会の皆さんに深く感謝して。

（関西労伝専任者・摂津富田教会牧師）

第五章　釜ヶ崎と人権

生活保護政策を変えた佐藤裁判

大谷　隆夫

佐藤裁判提訴当時の釜ヶ崎の福祉の実態

釜ヶ崎では、公的な福祉機関として一九七一年に大阪市立更生相談所（以下、市更相）が設置され、二〇一三年度に廃止されるまで公的な福祉機関としての日常業務を続けてきました。わたしが市更相職員の対応の実態を知ったのは、野宿者一人ひとりに適切な生活保障（生活保護）が実現するために、釜ヶ崎日雇労働者の福祉事務所である市更相まで一緒に付き添い、相談に応じた職員の対応を監視する、釜ヶ崎医療連絡会議（以下、医療連）の取り組みを通してでした。

その当時の市更相職員の対応は、「市更相で相談するぐらいなら、警察署で取り調べを受けた方がましだ」と言われるぐらい厳しいものでした。また、当時、職員は誰一人として名札を付けておらず、このこともあってか、トラブルの絶えない福祉機関でした。労働者が一人で相談に行くと、まともに対応せず、多くの労働者は再び野宿に追いやられていたため、こういった事態を何とか食い止めるために、医療連による市更相付き添い監視行動が日常的に取り組まれていたのです。

ところで、生活保護は居宅（アパート）保護が原則（生活保護法三〇条）であるにも拘わらず、本来は例外でしかない収容保護が原則であるという、違法な対応を市更相職員は取り続けてきたのです。つまり当時の釜ヶ崎では、福祉とはあくまでも法律的には本来は例外的なものでしかない、病院や施設での入院、入所のことを意味していたし、こういった病院や施設に一人でも多くの労働者が入院、入所できるように、医療連による市更相付き添い監視行動が取り組まれていたのです。しかしながら、バブル景気が崩壊し、市更相に相談に行く労働者も急増する中で、定員の決まっている病院や施設だけですべての相談者に対応するというのは、医療連がどんなに付き添い監視行動を行っても、物理的に無理だったのです。根本的に市更相のやり方を変えさせて行かねばならないし、そのためには裁判を起こすことまで考えなければならないのではないか。これが当時の医療連メンバーが共有していた課題だったのです。

バブル景気崩壊後の長引く不況は釜ヶ崎のみならず、名古屋・笹島でも同様な状況でした。生活に困った笹島の日雇労働者、林勝義さんは名古屋の福祉事務所に相談に行きます。林勝義さんは、寝泊まりができる寮に入りたいという希望を持っていたのですが、名古屋の福祉事務所は医療扶助しか認めなかったのです。この時の福祉事務所の対応にどうしても納得ができないということで、林勝義さんは名古屋の福祉事務所を相手取って裁判を起こしていたのですが、佐藤裁判が提訴される以前の一九九六年一〇月三〇日、名古屋地裁は、林勝義さんの言い分を全面的に認める勝訴判決を言い渡したのです。この勝訴判決は、釜ヶ崎でも裁判を起こせば勝てるかも知れないという大きな希望を医療連メンバーに与えました。そして、その時に私たちは佐藤邦男さんに出会ったのです。

なぜ、佐藤裁判が提訴されたのか

長引く不況と難聴というハンディキャップのため、野宿生活を余儀なくされていた釜ヶ崎日雇労働者の佐藤邦男さん（当時六六歳）は、市更相に二度ほど相談に行くのですが、いずれの場合も収容保護決定に基づき、施設しか紹介してもらえませんでした。施設での生活というのは集団生活であるため、他の入所者とコミュニケーションを取りながら生活をしていかねばなりません。難聴というハンディを抱えていた佐藤さんは、コミュニケーションをうまく取ることができず、結局、二度とも入った施設を途中で自己退所してしまうのです。こうした経緯を経て、ある時、医療連が大阪社会医療センター前で相談活動を行っていた折に、佐藤さんが来られたのです。相談を通して居宅（アパート）保護を受けたいというご本人の意志が確認できたので、市更相に居宅（アパート）保護を申請しようということになったのです。しかしながら、ここで医療連メンバーが考えなければならなかったのは、当時の市更相の対応では居宅（アパート）保護申請が通ることは百パーセント考えられなかったし、また、収容保護決定が出されるのは明らかだったので、その際にどう対応するのかということでした。

当時、釜ヶ崎では年齢が六五歳以上を超えていて、アパートさえ借りていれば、西成福祉の方では居宅（アパート）保護を実施していました。ただ、通常、アパートを借りる際には、入居の際に幾らかお金（敷金）が必要であり、野宿を余儀なくされていた労働者にはもちろんそういったお金の持ち合わせはありません。そこで、当時、釜ヶ崎キリスト教協友会（以下、協友会）では、居宅（アパート）保護を希望する労働者に敷金に相当するお金を貸し付け、生活保護を利用するようになって、月々、生活保護費が出るようになってから、貸し付けたお金を労働者から返済してもらうという取り組みを日常的に行っていたのです。佐藤裁判提訴当時、わたしは協友会のメンバーでもあり、この取り組みのことを知っていたので、佐藤さんが市更相に居宅（アパート）保護申請をして、それに対して市更相側から収容保護決定が出されると同時に、早速、佐藤さんに協友会から敷金に相当するお金を借りてもらいました。そして西成福祉に生活保護を申請し、居宅（アパート）で生活保護を利用できるようになったのです。

西成福祉で生活保護を利用できるようになった時点で、佐藤さんは裁判を起こさないという選択もありました。とにかく裁判は時間がかかるし、裁判を起こしたからといって必ずしも勝てるものでもありません。内心ではいろいろと迷いもあったと思いますが、一九九八年一二月二日、佐藤さんは市更相・大阪市が下した収容保護決定の取り消しを求めて裁判を起こしたのです。「市更相のやり方を抜本的に変えさせるためには、とにかくこの裁判に勝つしかない。」ということで、医療連としても、日常活動と並行して、この裁判の支援に可能なかぎり取り組みました。佐藤裁判は弁護士にも恵まれた裁判でした。この裁判の社会的意義を認めて、八人の弁護士が付いてくれ、最後まで手弁当で、この裁判の弁護活動を続けてくれました。また、この佐藤裁判は社会的に意義のある裁判であるからという理由で、ひまわり基金というところから裁判費用についてお金も出るようになりました。

裁判の争点

裁判での最大の争点は、生活保護法三〇条をどう運用するのかということでした。

一　生活扶助は，被保護者の居宅において行うものとする。ただし、これによることができないとき、これによつては保護の目的を達しがたいとき、又は被保護者が希望したときは、被保護者を救護施設、更生施設若しくはその他の適当な施設に入所させ、若しくはこれらの施設に入所を委託し、又は私人の家庭に養護を委託して行うことができる。

二　前項ただし書の規定は、被保護者の意に反して、入所又は養護を強制することができるものと解釈してはならない。

市更相は長年にわたって、「これによることができないとき」を「居宅を確保していない＝野宿者」と解し、野宿者には、収容保護しか行ってこなかったのです。しかし、生活保護法三〇条の趣旨は、生活保護は居宅（アパート）保護が原則であり、収容保護はあくまでも例外的なものであり、被保護者の意に反して収容保護を強制できないというものです。

つまり、野宿者には収容保護しか行わないという対応は、生活保護法三〇条や、法の下の平等を規定した生活保護法二条や憲法一四条などにも明らかに違反します。

裁判の中で市更相側は、当初、「住居のない人に居宅保護はできない」と主張していたのですが、途中から「住居のない要保護者に居宅保護が可能であることを前提として、裁量判断で収容保護を決定した」と主張を変更したのです。ところが、その後行われた証人尋問では市更相職員が「市更相では収容保護しか行っていない」と証言するなど、一言で言って迷走状態でした。

裁判提訴から三年が経過した二〇〇二年三月二二日、大阪地裁で判決が言い渡され、山下郁夫裁判長は、「誤った法解釈を前提にした市の収容保護は違法」と判断して、市更相、大阪市が下した収容保護決定を取り消しました。この判決を受け、佐藤訴訟弁護団は、判決当日、「裁判所が、野宿生活者の人権を無視した大阪市の実務運用の実態を直視したことを高く評価し、本日の判決が、野宿者への偏見を除去するための第一歩となることを期待したい」という趣旨の弁護団声明を発表。弁護団声明の中では「大阪市に対しては控訴を断念することを申し入れたい」ということも述べられていましたが、市更相、大阪市は控訴し、大阪高裁で引き続き審理されることになりました。

市更相、大阪市の控訴理由ですが、佐藤邦男さんに居宅の準備（重要事項説明書などの提示）がされていなかったので、居宅保護ができなかったというものですが、居宅の準備があれば、居宅保護が可能」ということを一言も言わないで、居宅の準備をしていないことを理由に「施設に入れ」と命じることが不当であることは言うまでもありません。

二〇〇三年一〇月二三日、大阪高裁大出晃之裁判長は一審判決を支持。翌月の一一月五日には市更相、大阪市が上告を断念したため、ここに佐藤裁判の勝訴が確定したのです。

勝訴判決がその後に与えた影響

一審判決によって明らかにされた、市更相、大阪市が佐藤邦男さんに下した収容保護決定の違法性は二審判決でも覆されることはないと判断した厚生労働省は、大阪高裁判決に先立つ二〇〇三年七月三一日、「ホームレスに対する生活保護の適用について」と題する通知を出すとともに、実施要領を改正し、ついに野宿者に対して敷金等を支給して居宅保護を開始することを正式に認めたのです。

釜ヶ崎での野宿者に対する敷金支給の状況ですが、佐藤裁判の勝訴確定時の二〇〇三年度には一〇一件でしたが、年々その件数は増加し、二〇〇九年度には二三四二件と、実に二〇倍以上に増加しています。さらに佐藤裁判の勝訴判決が与えた影響は釜ヶ崎だけにとどまりませんでした。二〇〇八年一二月三一日から翌年一月五日にかけ、派遣切りされた労働者らに年末年始の食事と寝泊まりできる場所を提供しようと、労働組合や支援団体などによって東京の日比谷公園に「年越し派遣村」が設置されました。撤収後、派遣村利用者の多くは敷金を支給され、生活保護を利用するようになりましたが、佐藤裁判の勝訴判決があったからこそ、このような形で多くの人々が生活保護を利用することができたのだと思います。

佐藤訴訟弁護団の一人として裁判を支えていただいた小久保哲郎弁護士が、『賃金と社会保障』(二〇〇三年一一月下旬号)の中で、高裁勝訴が確定した佐藤裁判のことを報告していますが、その中で佐藤邦男さんの「人物像」を的確に書き記した一文がありますので、ここに引用します。

この裁判は、佐藤さんという「人物」を抜きに語ることはできない。佐藤さんは、無口で控えめだが、生真面目で本当に責任感の強い人である。弁護団会議にも、裁判の期日にも、必ず時間厳守で現れ、難聴というハンディを背負っていて難解な法律用語のやりとりを聞くのは苦痛だと思われるのに、必ず最後まで席に着いておられた。また、提訴時の記者会見、裁判所での尋問や意見陳述など何度も多くの人の前で語った。裁判所など縁遠い生活を送ってきた佐藤さんにとって、この五年間は大変な苦痛だったと思うが、彼は最後まで原告としての責任を果たした。

そもそも佐藤さんは、本件収容保護決定の直後に居宅保護を受けることができたのだから、この裁判を争う彼自身の「実益」はほとんどないと言ってよい。にもかかわらず、この裁判を闘った理由について、彼は一審の法廷でこう語った。

「野宿の人の思いは、その日の寝るところと食べる物のことです。私には、今でも炊き出しに並んでいる人たちの悔しい思いが痛いほど分かります。私は幸い生活保護を受けて暮らすことができていますが、私のアパートの周辺には今でも日々野宿を強いられている人たちがたくさんいます。私は、そうした人たちが一人でも多く居宅保護を受けられるようになり、自由な人間らしい生活を送れるようになればと思い、この裁判を起こしています。」

佐藤さんという人と出会い、勝訴判決を得、彼が望んだ居宅保護の道が開かれたことを心から嬉しく思う。

（関西労伝専任者・摂津富田教会牧師）

四・五釜ヶ崎大弾圧事件の全容

大谷　隆夫

令状逮捕、一一一日間の勾留

二〇一一年四月五日早朝の出来事でした。火曜日は釜ヶ崎での医療連事務所での相談は休みなので、近所の飯屋に朝食を食べに行こうと、朝の八時頃、牧師館を出た途端、白線の入った縁なし帽子を被った背広姿の目つきの悪い一〇人ほどの男たちによって牧師館に押し戻されます。そこで、警察官から、

「大谷、昨年七月一一日、釜ヶ崎で行われた参議院選挙の際に、住民票を削除され、選挙権を奪われた労働者に対して、〝投票に行こう！〟という呼びかけ行動に取り組んだ件で、裁判所から逮捕状が出ている」

と言われ、逮捕状を読み聞かされ、初めてこの突然の出来事の意味が理解できたのです。わた

しがその時に感じた気持ちですが、民主主義の根幹である選挙権を守るための行動が、何故、逮捕の根拠にされなければならないのか。とにかく怒りと驚きでいっぱいでした。と同時に、今回の逮捕は四月一〇日に行われる統一選挙の際に、〝投票に行こう！〟という呼びかけ行動をやらせないための事前弾圧であるとも思ったので、最悪でも選挙が終わったら、釈放されるだろうと思っていたのです。

早朝に令状逮捕されてから、早速、その日の夕方から高槻警察署での取り調べが始まり、以後、起訴されて大阪拘置所に移送されるまで、高槻警察署の取調室と留置場を往復するだけの毎日が始まりました。警察官によって逮捕状を読み上げられた時から、今回の逮捕は明らかに運動潰しを意図した不当なものだから、警察官による取り調べには一切協力しない（黙秘を続ける）ということを決めていました。私の取り調べを担当した警察官は、最初の二～三日は、逮捕状に関して、いろいろなことを聞いてきたのですが、何を聞かれても、私が何もしゃべらないので、向こう側も私に同調してのだんまり戦術です。それ以降は、時間にして一日に二～三時間程度の沈黙の取り調べ時間が、起訴されるまでほぼ毎日続きました。まさに死ぬほど退屈な時間でしたし、精神的にはかなりストレスが溜まっていたと思います。今回、わたしは取り調べの際には警察官によって肉体的な暴行等は受けていないのですが、そうでなくても、取り調べというストレスが溜まりやすい状況の中で、少しでも暴行を受けたりしたら、場合によっては、命を落とすこともあり得ると思いました。この時にふと、小林多喜二の『蟹工船』が読みたいと思いました。

今回、起訴されるまでは、接見禁止処分（弁護士以外の人は面会できない）が解けなかったのですが、ありがたかったのは、今回の事件が起きて、急遽、結成された「四・五釜ヶ崎大弾圧事件救援会」のみなさん、関西労伝委員会のみなさん、そして、摂津富田教会のみなさんから毎日のように本や衣類等の差し入れがあったことです。なにより嬉しかったのは、本や衣類等を差し入れてくださった方の名前を確認した時です。面会はできませんでしたが、今回の不当逮捕に対し、多くのみなさまが支え、祈ってくださっているということを痛感しました。また、弁護士さんも交替で、ほぼ毎日面会に来てくださり、このことも大きな励みになりました。

拘置所生活

四月二六日（火）に起訴されると、その日の内に高槻警察署の留置場から大阪拘置所（以下、大拘）に移送され、大拘での拘禁生活が始まりました。大拘に入るのは、正確に言うと今回が二度目。もっとも初めての時（関西学院大学神学部院生の時に参加した越冬闘争の際に現行犯逮捕された）は、一週間程で釈放されたので、起訴されて大拘に入るのは今回の入所が初めてです。今回は入所期間が九〇日間もあったので、大拘の処遇実態をじっくりと経験することができました。ただ、大拘に入所してからの最初の一〇日間は、世間では「ゴールデン・ウイーク」の期間なわけですが、拘置所というところは、平日の日以外は、よほどの緊急事態（例えば地震とか火災とか）でも起きないかぎり、部屋から出ることを一切認めていません。まさに缶詰状態です。

この状態が何日も続くわけですから、非常に精神的にきつい期間でした。

今回、わたしが与えられた部屋は、三・五畳ほどの個室（トイレと簡単な洗い場付き）でしたが、エアコン等は、元々、備え付けられていなく、夏の暑い時期になっても扇風機の使用すら認められていません。使用を認められたのは大拘側から貸与されたたった一枚の団扇だけでした。こんな状態ですから、急激に温度の上がった梅雨期からの毎日は特に体にこたえました。ともかく、「人権以前」の大拘の処遇実態を一つひとつ挙げればきりがないのですが、この国の「民主主義」の実態というものが、いかに欺瞞に満ちたものでしかないということを、大拘の処遇実態を実際に経験して、あらためて痛感しました。

大拘は国（法務省矯正局）の管轄している拘禁施設ですが、国の施設がこのありさまですから、大阪市が釜ヶ崎日雇労働者の住民票を削除し、選挙権を奪ったことに対して何の反省も示さず、そのことに抗議する者を警察権力を使って弾圧することがあってもおかしくはないということも同時に思いました。いろいろと、肉体的にはしんどい面の多くあった大拘での拘禁生活でしたが、精神的には結構元気だったように思います。特に「解放をこころざして迫害される人たちは、神からの力がある」（マタイによる福音書五章一～一〇節、本田哲郎・訳）という聖書の言葉を具体的に実感できたのは大きな収穫でした。また、大拘に移ってからは接見禁止処分が解かれたため、ほぼ連日にわたって多くのみなさまからの面会があり、差し入れや励ましの手紙等も毎日のように届き、大いに励まされました。

今回の弾圧の期間中、当然のこととして釜ヶ崎での医療連事務所での相談活動や、摂津富田教会の責任を果たすことはできませんでしたが、医療連事務所の方は、医療連の他のスタッフが通常どおり事務所活動を維持してくれたし、摂津富田教会の方も、日曜日の礼拝を中心とした教会活動を教会員の働きのおかげで通常どおりに行うことができました。あらためて医療連スタッフ、摂津富田教会員の皆さんには感謝いたします。摂津富田教会での日曜日の説教の責任については、関西労伝の旧代表の小柳伸顕、高見敏雄、村山盛忠の三人の先生方が、わたしが釈放されるまで交代で担ってくださることを、逮捕されて直ぐに決断してくれたのです。先生方に対してもあらためて感謝いたします。

裁判所はどういう判決を下したのか

二〇一二年三月二八日、大阪地裁にて四・五釜ヶ崎大弾圧事件の第一審判決の言い渡しがありました。地裁判決は、太鼓、笛、スピーカーによる大音量の怒鳴り声などにより、投票業務に従事している市職員らの内心に畏怖困惑を与えたことを威力業務妨害とし、四人が互いに互いの行動を認識しながら止めようとしなかったことをもって共謀があったと認め、わたしも含めた被告四人に威力業務妨害の共同正犯とする有罪判決が言い渡されました。

河原俊也裁判長は、「投票に行こう！」という呼びかけ行動は、「現在のわが国のような平和で自由が保障された法治国家においては決して許されない逸脱した行為である」と決めつけ、四人

2014年7月1日　労伝ニュース１５２号　1

労伝ニュース

【　発行　】
関西労働者伝道委員会
大阪市中央区高麗橋２－６－２
日本基督教団浪花教会気付

「4・5 裁判、最高裁判決後に想う」

共同代表　尾島信之、佐藤成美、真下　潤、横山順一

2011年4月5日に大谷隆夫専任者が逮捕され、勾留（111日間）後に始まりました裁判支援を、今日まで覚えご支援を頂きました事を心から感謝申し上げます。

去る、2014年4月3日に最高裁判所第三小法廷、裁判長、大谷剛彦他3名による判決の決定がなされましたことは、すでにお知らせいたしました。上告は棄却され、裁判は終了することとなりましたが、釜ヶ崎の野宿生活者、日雇い労働者の住民票消除による基本的人権の不履行、選挙権の剥奪は、依然として何ら変化を遂げず、否と声をあげた大谷さんやその仲間たちの声を公権力は放置し、無視し続けています。また、刑事罰を処するという意思をここに明確に示しましたことは、今日の日本社会の時代の「しるし」です。この「しるし」は、特定秘密保護法成立と共に、集団的自衛権の閣議決定の様相を呈し、戦後の日本社会の歩みを完全に否定する動きとしてはためいているのです。この「はためき」は「国家権力」の意思ですし、やがて社会や教会をも飲み込もうとする時代の「しるし」なのです。大谷さんは、次のように語っています。「今後は、選挙権等の諸権利を奪われた、野宿を余儀なくされている労働者の権利の快復のための取り組みを続けていきます」と。この専任者の働きの場から生まれた声を「はためかせる」ために専任者を支えていきたいと思います。

2014年度は、継続のインターン生1名と同志社大学神学部から推薦を受けたインターン生2名が加わり、ますます、教会と社会をつなぐ関西労伝の使命が明確にされて行くことを共々に感じ取り議論し、深めていきたいと願っています。

＊

最後に元日本キリスト教会東京告白教会牧師であった渡辺信夫さんの言葉を借りて大谷さん逮捕からの関西労伝の歩みの一端を明記したいと思います。「ここで戦うべき相手の姿がかなりはっきり浮かび上った。それは『政治権力』である。（中略）しかし政権だけが戦う相手であろうか？そうではないらしい、ということも分かりはじめている。それは悪の政権を押し上げている民衆が心に宿している悪しき霊である。いや所謂『民衆』だけでなく、この世と同化してしまった『教会』が『沈黙』という作業によって権力を応援しているのではないだろうか（『福音と世界』7月号）」。大谷専任者の逮捕、勾留、裁判を通して私たちが経験したこと、否応なく感じ取ったものは、まさにこの現実の中にすべての人々が置かれているという事実でした。

今後とも関西労伝の働きをお支えくださいますよう心からお願い致します。

「労伝ニュース」第152号（2014年7月1日）

に有罪判決を下したのです。しかしながら、釜ヶ崎日雇労働者の住民票を一方的に削除し、日本国憲法が保障している基本的人権の一つである選挙権までも奪っている、この国の現実のどこが、「平和で自由が保障された」と言えるのでしょうか。

エレミヤ書の中に「彼らは、わが民の破滅を手軽に治療して、平和がないのに、『平和、平和』と言う」（六章一四節）という言葉がありますが、第一審判決で言っている平和とは、エレミヤ書で言われている「偽りの平和」ということに他なりません。支配者の言う平和とは、いつの時代でも同じようなものだということを、今回の第一審判決を通して改めて感じました。

二〇一二年一二月一二日には、高裁判決が言い渡されましたが、高裁判決も第一審判決を支持したものでした。森岡安廣裁判長にとっても、「民主主義の根幹である選挙の公正さを確保するために」、不可欠なのは、「投票が平穏な状態の下に行われること」であり、住居（財産）のない

人にも選挙権行使が平等に保障されることではなかったのです。

二〇一四年四月三日には最高裁の判断が下されました。被告人の弁護団が憲法違反を訴える上告趣意書を提出し、さらに二人の憲法学者から意見書が寄せられたにもかかわらず、被告人たちの主張する憲法違反は実質は憲法問題ではなく、上告理由に当たらないとして、わずか数行の理由で最高裁は上告を棄却したのです。

あらためて、四・五釜ヶ崎大弾圧事件とは

四・五釜ヶ崎大弾圧事件については、第四章でも少し取り上げましたが、その背景として見過ごすことができないのは、バブル景気崩壊以降、年々、減少し続けている釜ヶ崎の就労状況です。釜ヶ崎日雇労働者の住民票が一斉削除された二〇〇七年度は、日雇求人総数は六〇万人を切り、バブル景気最盛時と比較すると、三分の一ほど減少したことになります。二〇〇七年三月二九日の住民票削除は、ゼネコンや土木建設業界にとってもはや不要になった釜ヶ崎日雇労働者に住民票などは必要がないし、選挙権などを与える必要がない、という大阪市の釜ヶ崎日雇労働者に対する本音が露わになった出来事であったと、あらためて思います。釜ヶ崎日雇労働者に「選挙権を与えよ！」などと言う連中は、大阪市にとっては弾圧の対象でしかなかったのだと思います。

しかし、二〇〇七年三月二九日の住民票削除以降、釜ヶ崎では、本来であるならば、財産、性別に関係なく、二〇歳以上（二〇一六年六月から年齢が引き下げられ、一八歳以上となった）のす

べての国民に保障されるべき選挙権が、住民票を奪われた労働者には認められていないのです。これはまさに一九四五年以前の制限選挙の時代に逆戻りしたわけで、この国の民主主義の根幹に関わる問題です。

四・五釜ヶ崎大弾圧救援会では、最高裁の判決を待つだけとなった二〇一三年六月一五日、「足尾鉱毒事件」の解決のために請願権を行使続けた田中正造の半生を描いた映画「襤褸の旗」の上映会を釜ヶ崎の西成市民館で行いました。この時の田中正造の闘いに倣って、現在、選挙権回復の闘いは、陳情・請願・デモというやり方で、釜ヶ崎公民権運動というグループによって続けられています。今のところは選挙権回復の闘いはまだまだ前進というところまで行っていませんが、「足尾鉱毒事件」の解決のために請願権を行使し続けた田中正造の二〇年以上にわたる闘いに比べれば、三年余りの釜ヶ崎公民権運動の闘いはまだまだ始まったばかりとも言えます。

最後になりますが、四・五釜ヶ崎大弾圧事件とは、国家権力による未曾有の大弾圧に対し、関西労伝と教会、選挙権回復のための闘いを続けてきたさまざまな人々が一致協力して闘った事件であったとも言えます。まさに「大同団結」の実践です。「弾圧」によって、人と人、宗教者とそうでない人たちとが一つにつながったのです。このつながりを大事にしながら、これからも選挙権回復のための闘いを粘り強く続けていかねばと考えています。

大谷牧師救援活動

横山　順一

四月五日、逮捕の知らせ

二〇一一年三月一一日、東日本大震災が起こり、地震・津波被害に加えて福島第一原発事故の収拾のつかない事態に、恐らく日本中が呆然としながら新年度四月を迎えたと振り返ります。当時、テレビでは「頑張ろうニッポン」なる意味不明のコマーシャルが繰り返し流されていました。未曾有の地震から一ヵ月も経たない四月五日朝、大谷隆夫さんが逮捕されたという連絡が飛び込んできました。

逮捕の事由もよく分からない困惑のうちに、当日一九時、釜ヶ崎医療連絡会議（以下、医療連）事務所へ緊急の集合令がかかりました。当時、私は関西労伝共同代表の一人で、大阪教区（石橋教会）に属していましたので、とんでもないことが起こったと動揺すると同時に、私が行くしか

（仕方がない）という後ろ向きな責任感だけで、医療連事務所に向かったのでした。

実は、医療連事務所を訪れたのは、それが最初でした。古く、手狭な事務所にはすでに四〇人を超える人々が詰めかけており、身動きも取れないありさまでした。そこで初めてその日五人が別々に逮捕され（後で二人追加逮捕）、府内各署に拘留されたこと、五人の自宅や関係先一四ヵ所に捜索が入り、パソコンや携帯電話や名簿等が押収されたこと、二〇一〇年七月の参議院選挙時の萩之茶屋投票所における行動に対する公務執行妨害罪だということを知らされました。公務執行妨害なら現行犯が基本であり、一年も経って逮捕される理由など考えられず、どう考えても「弾圧」としか思われない出来事であることが分かってきました。

逮捕された人それぞれの関係者は、私はもちろん、その時初めて顔を合わせた面々が多かったのですが、事態の深刻さに、怒りをもって「四・五釜ヶ崎大弾圧救援対策会議（以下、救対）」の名称が立ち上げられました。逮捕の背景には「四月一〇日に迫る統一地方選挙の予防拘禁」、「報復弾圧」、「貧しい者への差別」があることを共通の理解とし、今後、手を合わせて行動していくことが決められました。

さしあたり、七人が拘束された警察署での抗議活動をすぐに始めることが提案されました。正直に言えば、私はその時点で、まだ少ない情報だけで大きく動くことへの躊躇がありました。それで、「動くのは状況をもう少しよく判断してから」と申し出ました。すると、長らく釜ヶ崎で働いてきた労働者の一人の方から「あんな、お兄ちゃん、ここではな、やられたらすぐにやり返さなあかんねん！」と諭されました。「足を踏まれたら、踏まれたその時に、痛い！　と叫ばな、通じへんねんで。」ということでした。私には恐れがあったのです。痛い経験を何も持たないで分かったような発言をした自分を恥じ入るばかりでした。

関西労伝の取り組み

私たちは早速、大阪教区の仲間たちにも連絡を取り、高槻警察署に移送された大谷さんの救援活動を始めました。連日の差し入れ、抗議集会を開く一方、大阪教区は向井希夫総会議長名で「抗議並びに要請」を出しましたし、九州教区、沖縄教区が直ちに賛同の抗議文を出してくれました。摂津富田教会（別掲、二一一頁）や釜ヶ崎キリスト教協友会からも出されました。

救対とは別に、関西労伝のメンバーを中心に「四・五有志の会」を結成し、メーリング・リスト（以下、四・五ＭＬ）での情報交換が開始されました。摂津富田教会では旧代表だった小柳伸顕さん、高見敏雄さん、村山盛忠さんの三人によって礼拝説教が担われることになりました。

四月一六日、西成市民館で緊急抗議集会を開きました。本来のキャパシティ百名ほどの講堂に通路・階段まであふれる二百名余が駆けつけ、釜ヶ崎における事件への関心の高さを痛感しました。続いて五月二〇日には阿倍野市民センターで抗議集会を開き、二五〇名が参加しました。この集会には大谷さんたち四人のメッセージが「獄中書簡」として届けられました。

しかし一般社会への周知はほとんどありませんでした。メジャーなマスコミはどこも取り上げなかったからです。四月二二日、大谷さんたちは拘留理由開示裁判を起こしました。が、空しく却下されました。二六日、三人は不起訴となりましたが、大谷さんを含む四人は威力業務妨害罪に罪状を変更して起訴され、そのまま大阪拘置所（以下、大拘）へ送致されることになりました。そのうちの一人Mさんはそもそも重病を患っていた女性でした。

関西労伝は四月二六日付で『労伝ニュース緊急号』を発行し、事件の周知とともに資金カンパの訴えを始めました。幸いなことに多くの支援が届けられました。

以下は、共同代表（当時）の真下潤、佐藤成美、横山順一の三名で訴えた『緊急号』の巻頭言です。

突然のお知らせですが、関西労働者伝道委員会（以下、関西労伝）専任者・大谷隆夫さんが、二〇一一年四月五日（火）の早朝、日本基督教団摂津富田教会敷地内の牧師館において大阪府警によって逮捕されました。早速、緊急の話し合いが同日夕刻に大谷さんが代表を務めるNPO法人釜ヶ崎医療連絡会議事務所において行われました。関西労伝から四名、また、日本基督教団大阪教区の教師数名、摂津富田教会信徒三名が出席し、今後の対応について話し合い、それぞれの立場を尊重し、連帯して支援を取り組んでいく旨、合意されました。

逮捕事由は、昨年七月一一日の参議院選挙に関わる萩之茶屋投票所（釜ヶ崎）での住民行動が「公務執行妨害」であるとのことです。大阪市は、前・関大阪市長の時代、二〇〇七年の統一地方選挙直前に、釜ヶ崎の住人二〇八八名の住民票を削除するという暴挙に出ていました。住民票と共に選挙権を奪うことは、明らかに大阪市の違法行為です。急遽、当事者と支援者が立ちあがり、訴訟も含め、選挙権の行使という当たり前の権利の回復を願い、大谷さんは「住民票削除は否である」と言っただけなのです。逮捕事由の住民行動とは、「否」と声をあげたことが選挙事務に対する「公務執行妨害」だというのです。

約九ヵ月後のこの時期になぜ逮捕されるに至ったのかは定かではありませんが、関西労伝では、過日行われた統一地方選挙（四月一〇日）の対策であったのではないかと考えています。選挙の期間中、大谷隆夫さんをはじめ、この「住民行動」に関わった人々の行動を封じ込めるために、大阪市と大阪府警が連動してこのような暴挙に出たと考えます。

四月一二日現在、大谷隆夫さんを含め七名が逮捕され、大阪府警本部に二名、西成警察署に一名、布施警察署に一名、阿倍野警察署一名、天王寺警察署一名、そして、大谷さんは高槻警察署に勾留されています。逮捕者を支援する団体が連帯できないようにバラバラに拘束しています。また同日、カトリック聖フランシスコ会・ふるさとの家、釜ヶ崎キリスト教協友会の代表宅など一四ヵ所に家宅捜索が入り、携帯電話、「選挙」に関する文書等が押収されました。

六日午後には、早速、関西労伝協力牧師、摂津富田教会員数名が高槻警察署を訪れ、面会要望、また差し入れを行い、大阪教区の有志教師を含め、連日、面会支援を行っています。また四月八日（金）、日本基督教団大阪教区議長名による「抗議並びに要請」文を内容証明付郵便で大阪府警察本部長と大阪府警察高槻警察署長宛に送付し、受理されていることを確認しています。

今後、起訴、不起訴とどのような判断がなされるか分かりませんが、大谷隆夫さんの裁判を視野に入れながら、関西労伝は支援活動を行っていきます。どうかこの「お知らせ」を皆さんの良心でお聴きください。緊急の支援カンパを同時に募ります。よろしくお願いします。

一方、目前に五月三～四日開催の大阪教区総会が迫っておりました。私が提案者となって、「大谷隆夫教師（関西労働者伝道委員会専任者・教務教師、摂津富田教会兼務主任担任教師）が不当に逮捕され、起訴、拘禁されていることに対して、大阪教区として抗議を表明する件」を緊急議案として提出しました。文面は安田和人さんが作成しました。残念ながら、満場一致とはいきませんでしたが、賛成多数で可決されました。以下に声明文を紹介します。

私たち日本基督教団大阪教区に属するキリスト者は、このたびの東日本大震災で失われた「いのち」、そして今なお危機にさらされ続けている「いのち」に思いを馳せます。また、震災により、そして原子力発電所事故という「人災」により、多くの人々が家を奪われ、ふるさとを奪われ、長い年月をかけて培われてきた人と人との絆さえも引き裂かれていることに痛みを覚えています。

そして、その福島第一原子力発電所の事故を収束させるために、すでに釜ヶ崎の労働者に対しての日雇い労働斡旋が始まっていると聞き及んでいます。人間の神をも畏れぬ高慢は、結果として、常に周縁に置かれた人々へと痛みのしわ寄せが行くということを肝に銘じねばなりません。

二〇一一年四月五日、大阪府警は、釜ヶ崎の労働者、またその支援者五名を突如として逮捕し、十数ヵ所への家宅捜索を強行しました。その中の一人に、大阪教区の関係団体である関西労働者伝道委員会専従者であり、摂津富田教会牧師である大谷隆夫牧師が含まれています。

大谷隆夫牧師は、大阪の「寄せ場」であり、行政から「あいりん地区」と呼ばれている釜ヶ崎において、日雇い労働者、野宿者、生活困窮者の小さくされた叫びに耳を傾けてきました。その働きは、生活相談、住宅相談、就労相談、生活保護申請手続きの手伝いなど多岐に及んでいます。

その一環として、住民票を奪われた労働者の選挙権の問題にも取り組んできました。これは、憲法にも保障された基本的人権を守る働きです。そして、その大谷牧師の働きは、イエス・キリストを信じる者としての信仰を基盤としたものであります。

そのような大谷牧師を逮捕したことに、私たちは強く抗議をいたします。大阪教区は、四月五日の不当逮捕以来、関西労働者伝道委員会のメンバーを中心として支援体制を整え、高槻警察署が許可するかぎり、差し入れを継続することで決して大谷牧師が一人ではないことを訴え続けてきました。にもかかわらず、大阪地方検察庁は、大谷牧師を起訴し、「被告人」としてしまいました。大阪府警による逮捕もさることながら、私たちは大阪地方検察庁に対し、さらに強く抗議をするものです。

今後、公の刑事訴訟裁判の場へと事柄が進むものと予測されますが、私たちは、他に起訴された人々と共に、全面的に大谷隆夫牧師を支持し、裁判の支援を行っていくことを表明するものです。

面会、差し入れ

医療連での救対では、ボードに四人の面会差し入れ計画を書き出しました。大谷さん関係は、私が四・五ＭＬをフルに使って、面会予定を練りました。というのは、大拘での面会は一日に一組（三名まで）と限定されていたからです。

五月九日から面会・差し入れ支援がスタートしました。ＭＬにはおよそ三〇名の牧師と信徒が登録されました。釜ヶ崎の人たちは大阪拘置所を縮めて「ダイコウ」と呼ぶのでした。その大拘は、ＪＲ環状線「桜ノ宮」駅から天神川沿いの歩道を二〇分ほど歩いて行きます。拘置所に着くと、まず携帯電話を保管させられ、面会申し込み書を書き、差し入れは細かなチェックを受けます。例えば下着であっても、腰ひもなどがある場合、ひもは取られてしまうのです。普段まず会うことのない、さまざまな人が訪れる大拘の様子を私たちのほとんどが初体験していきました。

いざ入ってひとしきり待たされ、全部で一五ある面会室のどれかに案内されます。面会はたった一〇分。多くを伝えられず、逆に変わらぬ穏やかな大谷さんの顔を見て安堵するばかりでした。満開の桜の頃の逮捕からセミが鳴く天神祭で暑い七月二五日の保釈（大拘にはクーラーがない！）まで、実に一一一日に及ぶ不当拘留となりました。が、面会可能な月曜から金曜まで、一日も欠かさず、延べ一四〇名が大谷さんへの面会を途切れず続けたのでした。

救対は四月だけで八回開かれましたが、私たちは釜ヶ崎で大谷さんがどんなに慕われ愛されていたか、どんな大きな働きをなしていたかをつぶさに知ることとなりました。これは関西労伝の委員会だけでは分からなかったことでした。

公判の傍聴

さらにこの間、四名につけられたそれぞれの弁護士たちは共同で弁護するため弁護団会議を発足し、そこに私たちも同席しました。大谷さんを担当したのは人権問題では大阪随一と言われた後藤貞人弁護士たちでした。

七月二〇日に第一回公判が開かれました。九一席の傍聴券のために二五〇人が集いました。抽選にはずれた人たちは、当たった人たちと交代に法廷に入って見守りました。その三日前、大阪中之島公園・剣先広場で開かれた抗議集会には一千五百人が集まり、「ウィシャルオーバーカム」

を高らかに歌ったのでした。

翌年二〇一二年一月まで計六回の公判が開かれました。そのたびに召集をかけ、皆で大阪地方裁判所に出向きましたが、毎度横暴な検察に腹を立て、信頼できそうにない裁判官に気落ちし、被告席に立つ大谷さんたち四人の姿に涙しました。裁判官に対し、堂々たる反論・持論（二一二頁参照）を述べた大谷さんは、キリスト・イエスに従う者の最たる模範だったと思います。

弁護団会議は計六回開かれ、知恵を尽くしました。救対はこの一年毎回ほぼ三〇名余が集まって一八回開き、計六回の抗議集会を実施しました。しかし、三月二八日、大阪地裁が下したのは有罪判決でした。大谷さんには罰金三〇万円。それを未決拘留一日五千円として相殺するというものでした。それは事実上の無罪ではないかと憤りましたが、執行猶予はついたものの、Mさんは懲役一年とされました。（投票）業務を妨害し、仲間と「共謀」したと断定したのです。大阪市によって奪われた選挙権の問題には同情するも、具体的解決には何ら触れず、集会・表現の自由にも制限を加えたひどい判決内容でした。

二〇一二年四月の控訴以後も救対では『ニュース』を出し、チラシを配り、学習会と集会を続けました。八月、Mさんが亡くなりました。遺志を継ぐべく大阪市や市会各政党への陳情・請願活動を新たに開始しました。関西労伝も同様、『ニュース』と資金集めを続けました。大阪教区総会では二〇一三年まで教区として大谷さんを支える議案を提出し、可決されました。

二〇一二年一二月、大阪高裁は一審を支持し、控訴棄却判決を下しました。さらに二〇一四年四月三日、最高裁が上告を棄却し、裁判が終了しました。これを受け、五月に救対はいったん終了することになりました。が、発展的解消を皆が求めました。新たに「釜ヶ崎公民権運動」として活動することとなり、以降、基本的に毎月、運営会議を開いて現在に至っています。

試練を超えて

個人的にはこの救援活動に関わることができて大いに感謝しています。大谷さんを愛する人たちを自分も愛そう、支えようという当初の思いが出会いと交わりの中で変えられていきました。誰かではなく、自分が自分で出会い、愛し支えねばならない、今そう思うようになりました。

大谷さんの逮捕は、大谷さん個人にとっても、摂津富田教会にとっても、釜ヶ崎の働きにおいても、大阪教区においても大変な試練の出来事でしたが、敢えて一つ言えば、「怪我の功名」的果実を与えられました。この事件を通して関西労伝のメンバーは固く結ばれたのです。メンバー同士で、新しく友となった仲間で。のみならず釜ヶ崎に関わる出会いと学びをそれぞれが与えられました。

救対の参加者は、知らぬまに過半数が牧師たちになっていました。「キリストさんが歌をうたってくれる」と持ち上げられるようにもなりました。司会などの役割をいつの間にか任されるようにもなりました。信頼が芽生えたのです。逆に言えば、それまでは信頼が足りなかったのです。この事件は明らかに運動つぶしであり、組織の分断がねらいだったのでしょう。しかも大震災の混乱に乗じて、計画的に実行された姑息な事件でした。しかし、かえって一つとされたのです。教会はやはり動かねばなりません。何かに具体的に関わらねばなりません。教会とは、牧師であり、信徒です。全員が運動する必要はありませんから、まずは一人からです。でも一人では無理なので、少しずつみんなで、です。当時いた石橋教会でも、そのように変えられていきました。初めは否定的だった信徒が、強力に支える人になりました。

最近、「住まいなく仕事もなく」と題されたニュージーランドの新作讃美歌を労伝で時々歌っています。そこには「天と地を逆さにする神の国の不思議よ」という歌詞が出てきます。福音の持つ逆転力を私たちにつきつける、と歌の紹介がなされています。本当にそうで、私たち関西労伝は逆転の道をこれからも歩みたいと思うのです。

（東神戸教会牧師）

〈追記〉

一　面会・差し入れ支援協力者（摂津富田教会および四・五メーリングリスト関係者のみ掲載。所属教会・学校名は当時、順不同、敬称略）

永江良一、酒井隆夫、三浦治郎、林　宏子、門田照子、尾崎ヒサ子、福井洋子、松永美代子、永江結子、中島幸子、青木恵美子、黒田高弘、黒田　節、田中こう、蟹池弘美（以上、摂津富田教会）、小笠原純（高槻日吉台）、宮島星子（泉大津）、真下潤（曽根）、佐藤成美（甲子園）、横山順一（石橋）、尾島信之（大和郡山）、安田和人（いずみ）、向井希夫（大阪聖和）、一木千鶴子（高石）、古郝壮八（同）、小林明（大阪生野）、岡本拓也（南住吉）、村山盛芳（浪花）、小糸健介（希望ヶ丘）、水島祥子（同）、大澤星一（西大和）、上地武（大正めぐみ）、鈴木祈（大阪教区）、米加田周子（釜ヶ崎）、平井文則（阿倍野）、岡山牧人（喜連自由）、館山英夫（大阪淡路）、安田信夫（高槻）、広瀬規代志（室町）、後藤聡（梅花）、足立こずえ（広島主城）、斎藤成二（大阪東十三）、小豆真人（東梅田）、村山盛忠、高見敏雄、小柳伸顕、船橋美和子

二　勾留から裁判、闘いの経緯を報じた各種媒体（投稿・横山）

『教団靖国天皇制問題情報センター通信』、新教出版社『福音と世界』、教団ジャーナル『風』、『基督教世界』、『笹島キリスト教連絡会ニュース』、『教団新報』、『大阪教区通信』『ときの徴』など（二〇一一年四月〜二〇一四年）

大阪府警察　本部長殿
大阪府警察　高槻警察署長殿

抗議並びに要請

2011年４月12日
日本基督教団摂津富田教会
教会員一同

釜ヶ崎にて生活する労働者は、自らの権利と生活を守るため、釜ヶ崎解放会館などを住所として登録していましたが、大阪市がその登録を抹消したため、その後の選挙で投票が出来なくなってしまいました。

釜ヶ崎の労働者と支援者は、この事態に怒りの意思を持って2010年７月11日の参議院議員選挙投票日に、萩之茶屋小学校・投票所へ憲法で保障された投票権の行使を求めて出向きました。

しかしながら、大阪府警本部はその際の行動を理由に、公務執行妨害として、2011年４月５日及び10日に日本基督教団摂津富田教会の大谷隆夫牧師をはじめ、労働者と支援する７人を逮捕してしまいました。

私たちは、憲法で保障された投票の権利を奪われ、更にその権利を回復する要求をも踏みにじる今回の逮捕には、納得出来ません。

私たちは、当然の権利を求めた行動に対し大阪府警本部が逮捕という暴挙を行ったことに断固として抗議すると共に、大谷隆夫牧師をはじめとする、逮捕者全員の即時釈放を求めます。

大谷隆夫　勾留理由開示公判における意見陳述

私は、日本キリスト教団の牧師として、教会での働きを担いながら、釜ヶ崎で活動してきました。その働きの一つとして、医療連があります。医療連の活動だけにかぎりませんが、その際に一番大事にしている点は、医療連の事務所に相談にくる労働者一人ひとりの尊厳を大事にするということです。労働者の一人ひとりの、人としての尊厳を大切にしながら活動してきました。

そういう尊厳が奪われる、脅かされる時には、当然、抗議活動をしてきました。いうまでもありませんが、私の思いは、私の一人のキリスト者としての宗教的信念に基づくものであります。

まあこの間、検察官や警察官から、「あんたキリスト教徒らしく、もうちょっとおとなしく穏やかに抗議でけへんかったんか」と言われますが、それはイエス・キリストの生きざまを知らない者の言う発言だと思います。

本当にイエス・キリストという人は、彼が生きていた当時、生きる権利を奪われ、人間としての尊厳を奪われ、愛した人の権利を回復するために、本当に命がけで闘い、実際に高哲となった人であります。

そういうイエス・キリストに少しでも近づきたいという思いが、私の人としての尊厳を尊重したいという根底にあります。それが第一点。あと裁判官に是非わかっていただきたいのは、今回の昨年７月11日の行動の原因となった、大阪市の行った「住民票を取り上げた」という行為であります。これがいかに非人道的であり、人としての尊厳を奪うものであるかということであります。

この日本で、かつて第二次世界大戦中、国外においては多くの人を虐殺し、国内においても国の政策に反対する多くの人を獄中に閉じ込め虐殺していったわけです。それにまさるとも劣らない、本当に愚かな行為を大阪市はやったわけですが、一切そのことは問われていない。本当にこのことは許されていいのでしょうか。

まさに、７月11日の行動は、大阪市の愚策というか、無策といいますか、非人道的な行為に、当然の声を上げたわけであります。

このような運動、声あげをつぶしていく、この国には未来がないと思います。ですから、ただちに今回の７月11日の抗議行動の件で拘束されている私も含めた仲間すべての釈放を求めたいと思います。

注）本稿は2012年４月22日の傍聴席でのメモをもとに編集されたもので、若干の差異があることをご了承願います。（日本キリスト教団摂津富田教会編　教会創立60周年記念誌『この10年の歩み』から転載）

第六章　教会ムーブメントと関西労伝

村山　盛忠

オルタナティブ・ムーブメント

関西労働者伝道委員会（関西労伝）は、「教会ムーブメント」です。教会活動のひとつのムーブメントではなく、教会ムーブメントです。初代教会の誕生が、ムーブメントから発生したことと深く関係しています。三井久牧師の「労働者伝道は当初から、真の信徒の運動を中心としたものであった」とのことばは真実を語っています（竹中正夫編『働く人間像を求めて』新教出版社、一九七八年、二四六頁）。

教会ムーブメントである関西労伝は、労働問題の資料を収集し、分析する研究機関でもなく、労働問題との取り組みを目的とする活動センターでもありません。時代の只中にあって、「教会とは何か、共同体とは何か」を、自らに問い、他者から問われながら、歩んできたムーブメントです。

教会の歴史を振り返るとき、教会ムーブメントに二つの生き方がみられます。竹中正夫教授は関西労伝を教会のボランタリー・ムーブメントと位置づけて、次のように発言しています。「キリスト教の歴史を考えてみると、二つの生き方があり、一つは制度的な教会としての生き方、同時に、教会が十分手をつけていないことを、信徒たちや教職者たちがいっしょになって、ムーブメントとしてやっていく生き方がある。外国伝道などは既成の教会がやっていなかったことで、信徒や女性たちがムーブメントとして起こしていったのだ」と（前掲書：三二五頁）。

この教会の二つの生き方を教会史上の文脈からみるとき、職制確立に伴う制度化された教会と、修道（制）運動との関係として捉えることができます。アッシジのフランチェスコが貧者や病める人々の中で活動を開始したとき、当初、教会（カトリック）はこの活動を異端として認めませんでした。後に、教会（教皇）はフランチェスコの働きを教会ムーブメントとして認め、フランシスコ会（小さき兄弟会）を修道制に位置づけます。教会が聖職制による制度的教会に固執し、ボランタリーな教会活動を認めなければ、アッシジのフランチェスコの教会ムーブメントは、今日のように世界に伝わっていなかったことになります。マザー・テレサのインドでの教会ムーブメントも同じです。

教会が二つの生き方をムーブメントとして受け入れてきた歴史的事実は、教会の宣教にとって重要な視点です。関西労伝は先に述べたようにボランタリーな教会ムーブメントとして歩んできましたが、われわれの教会（日本キリスト教団）が、宣教の課題として二つのムーブメントの生き方を将来に向けて具体的に検討することは急務といえます。

本稿は修道制（運動）について述べるのが目的ではありませんが、教会ムーブメントの視点から一端を記します。キリスト教の修道制のはじまりは、エジプトのコプト教会であることは周知の事実です。ヨーロッパの修道会はすべてコプト教会から学び、踏襲して成立しました。コプト教会には独自の「殉教暦」があり、ローマ帝国下の厳しい迫害で殉教した人々を現在も記念しています。三一三年、キリスト教が公認されると、没収された教会の土地財産が戻り、司祭の税金免除や司教のローマ行政官と同等の地位の獲得など、教会は次第に勢力を増し、エジプトはキリスト教国としての地位を確立していきます。

同じ時期、何千何万という人々が砂漠の修道院に修道士として参集しています。現象のみを見ると、キリスト教公認による教会強化と拡大が要因と受けとめられますが、事実はまったく逆でした。制度化された教会の形骸化に伴い、人々は殉教時代の燃えるような信仰を求め、砂漠の修道院に参集したのです。現在もコプト教会は、伝統的に総主教を修道院出身者から選出するのは、この精神が継承されている所以です。

キリスト教史家のステファン・デイビスは、著書の中で次のように記しています。「平穏なコンスタンティヌス時代の修道院制度は、教会が社会に同化していく傾向の抵抗勢力として出現した。社会生活の分野で（時には都市の中心部で）、エジプトの修道士たちは教会生活全般に対し、教会の司教支配のあり方や教会行政の在り方に対し、暗黙裡に挑戦的に対与する新たな存在（オルタナティブ）となった。」（Stephen J. Davis『The Early Coptic Papacy』The American University in Cairo Press, 2005, p.46）と。

教会と修道制（運動）との関係が、教会ムーブメントの二つの役割を歴史上担ってきた歴史的事実は、特にプロテスタント教会にとって学ぶべきことが多いといえます。プロテスタント教会が修道制を採り入れよという短兵急な主張をしているのではありません。制度化に向う教会が内に向い、教理主義、規則主義、解釈主義の傾向に一体化されていくとき、オルタナティブな役割を担う教会ムーブメントが胎動するのは必然で、これを非福音的として切り捨てることは教会本来の生命を自ら断ち切ることになります。

現在、釜ヶ崎で、フランシスコ会の「ふるさとの家」や、イエズス会の「旅路の里」などの修道会が、教会ムーブメントの拠点として活動している事実は、教会の二つの生き方が脈々と継承されている証しといえます（『創立二五周年記念誌一九八二―二〇〇七』イエズス会社会司牧センター旅路の里・刊、参照）。

以上、関西労伝が教会ムーブメントとして歩んできた背景を、歴史的文脈において捉えて記しました。次に、労伝の具体的な歩みを教会の視点から記します。

「家の教会」から「場の教会」へ――人間性喪失の「場」――

最初の労伝専任者、金井愛明さんと平田哲さんは、大阪の東淀川区三津屋の三帖二間の長屋に住み込み、活動を開始します（一九五八年）。長屋は三津屋伝道所として開設され、五年後には労働者住宅街に移転して、神崎川伝道所と改称しています（一九六一年）。二人の専任者は伝道所を拠点に活動を展開しますが、その後、金井さんは未組織労働者の課題と取り組むため、釜ケ崎に拠点を置き、「いこいの家」を開設し、活動を展開します（一九六六年）。二人の専任者にとって、「長屋の教会」と「いこいの家」は活動の拠点となり、「家の教会」として位置づけています。この間の約三〇年の歩みは、平田哲編著『あすひらく家の教会――労働者街での三〇年――』（キリスト新聞社、一九八八年）の貴重な記録として刊行されています。

「家の教会」（家：ギリシャ語のオイコス）についての聖書的・神学的理解は、同書「家の教会の理論と実践」（平田哲）に詳論されているので、ここでは専任者が「家の教会」をどのように位置づけているかを記します。

専任者が「家の教会」を語るとき、「場」という用語に特別な意味を与えています。「場」とは人々が集う空間的場所ではなく、人間の生きる場、なまみの生活の場、人間性を失っていく「場」

を意味しています。労働者が職場で諸々の問題と直面し、人間性を喪失していく場として位置づけています。「家の教会」という場所に労働者を招き、問題や課題を聞き、対応するのではなく、人々の生活の場や働きの場で格差がひろがり、分断されていく場に、キリスト者が共に立ち、具体的問題に向き合い、その底流にある課題と対峙するのが「家の教会」だと語っています。この経験から、「〈家の教会〉というのは、〈場の教会〉といった方がよい」との専任者の発言となります（同書：七九、八五頁）。

専任者は経済の二重構造の犠牲によって一番しわよせを背負っているのは若年労働者や未組織労働者であることに直面していきます。専任者がキリスト者として立ち、立たされている「場」が、未組織労働者の課題であったということです。本来、この職「場」の問題は、労働組合が率先して取り組む課題ですが、日本の労働組合が企業別組合組織という成立事情のため、未組織労働者や若年労働者の課題が放置されていた状況でした。専任者は、次のように語っています。「労働組合は、しなければならない問題を放りだしている。それをわれわれはしているんだと考えた方がいい」（金井愛明：同書七九頁）と。

この発言は、当時の藤田若雄氏が「日本には労働組合がない。あるのは社員組合あるいは従業員組合だ」との発言に通底しています。藤田氏の発言は重要な視点であり、労伝の歩みと深く関わっているので、ここに同氏の講演要旨を紹介します。

藤田若雄氏（一九一二〜一九七七）は、日本の労働組合運動を生涯の職業課題（東京大学社会科学研究所）とした実践的学者です。無教会主義の信仰に立ち、自ら労働組合委員長の原体験を踏まえ日本の組合運動に提言しました。

同氏が日本キリスト教協議会（ＮＣＣ）主催で「産業社会における一致の証し」と題した講演記録が手元にあるので要旨を紹介します（月刊紙「働く人」、七五号、一九六四年三月一日）。

戦後日本の転換期（一九五四〜五五年）後、急速に産業構造が変化し、農村と都市の関係は地滑り的変化が起きたと指摘し、「このような変化によって人間の生活にさまざまのやぶれが生じた。この〈やぶれ〉の面を接点としてはじめて現代社会におけるキリスト者の任務がある」と述べます。さまざまなやぶれの実態は、家庭、学問、職場など、あらゆる分野で起こり、具体的実例を挙げた後、次のように語ります。「（それぞれの）職場の実態を捉えて、ひとつのリアルな日本の姿がしぼられ、問題を正しくつかむ。職場で人の重荷をになう働きが生まれてこなければ、キリスト者の任務ははたされない」と。次に同氏は現代社会における「人間のやぶれ目」をタテ糸とヨコ糸の関係でとらえ、家族や世代関係などをタテ糸の破れとし、ヨコ糸となる職業の「場」をヨコ糸とし、「日本の産業社会のもっているやぶれが具体的になっている場で、そのやぶれと取り組む場が、証となる場である」と。講演の結びに、「私はこの時代にあって、社会大変動のときの信仰を示したエレミヤ、第二イザヤの聖書研究をとくに深めたい。この信仰にしっかり目を開かねば、今日の職場での伝道はできないと思う」と。この藤田氏のタテ糸とヨコ糸との関係における「人間のやぶれ目」の「場」は、関西労伝が教会ムーブメントとして歩んできた「場」に呼応しているといえます。

藤田氏の発言は、信徒運動から出発した無教会からの発言として傾聴したい。なお、同氏は日頃から次のように語っていたという。「ファシズムは初発からキバをむきだしてくるのではない。退廃の中に批判精神を衰弱させせながら登場してくる」と（著作には、『藤田若雄著作集』、『藤田若雄キリスト教社会思想著作集』などがある）。

金井、平田両人の後に、小柳伸顕さんが専任者の任につきます（一九七五年）。小柳さんは釜ケ崎の市立「あいりん小中学校」（現在の今宮小中学校）の嘱託ケースワーカーとして働いており（一九六八年～七五年）、すでに日雇労働者との出会いを通して日本の根本的な労働問題に直面しています。

当時、「あいりん小中学校」の入学基準は、不就学児童に戸籍や住民登録がなく、また長期の不就学が最低条件でした。それゆえケースワーカーの仕事は、戸籍や住民登録の作成から始まるため、保護者との面談を求めて、一日中、住居を探し歩くこともあります。児童の正確な生年月日を確認するため、お産時の助産婦を探して遠出することもあります。長期不就学や長欠も一様ではありません。父親の飯場の長期労働が、弟や妹の世話をするための長欠理由であったり、住民登録の無届けが「追手」に居住地を知られたくないこともあります。親たちの個人史を聞く機会もありますが、「過去を聞いて、責任をもてるのか」との言葉に、ケースワーカーは沈黙しかありません。不就学と経済問題に密接な関係があり、人間関係の「やぶれ目」に痛感します。この貴重な記録は、小柳伸顕著『教育以前―あいりん小中学校物語―』（田畑書店、一九七八年）として刊行されています。

小柳さんはケースワーカーの延長線上から専任者の活動を継承しているので、最初から釜ケ崎の未組織日雇労働者の「人間のやぶれ目」の場に立たされます。著書『教育以前』で問いかけている課題は、専任者としての問いかけの原型になっています。教会の視点から同著をみるとき、事実を事実として捉える文章の行間を通して、既成教会に対する鋭い問いかけが散見されます。「教育以前」の問いかけは、既存教会が「教会以前」の場と真に向き合っているかとの問いかけです。

同著に二箇所だけ、カギカッコで「ことば」と、表示されている文章があります。ひとつは就学問題に関する箇所で、大阪市教育委員会とのやりとりの中で、就籍問題は親の責任であると同委員会が一蹴する場面です。「この言い分は正しいが、しかしその〈ことば〉はまさに無力としか言いようがない」と記されています（同書一一四頁）。もうひとつは、父親が蒸発（行方不明）になり、あとに三人の子どもたちが残されますが、子どもを児童相談所に見送るときの場面です。地下鉄に乗ってじっと窓ガラスに顔を押しあてている子どもを見ていると、「〈ことば〉が出てこない。無理をすると機械的になる」と記されている箇所です（同書一九三頁）。

このカギカッコの「ことば」という文字の背後に、聖書のことばが投影されていると思います。既存の教会が正しい「ことば」を語っていながら無力であり、また、教会が語らなければならない状況にありながら、機械的な「ことば」を語っていないかとの問いかけです。教会ムーブメントの労伝は、聖書の「ことば」と向き合う場であることを、専任者は提起しています。

なお、一九七〇年一一月に「釜ケ崎キリスト教協友会」がカトリックの修道会、プロテスタントの五団体で発足していますが、現在は一一の施設やグループ、個人が参加しています。一九七四年以降は日雇労働者の組合と協力しながら活動を続け、現在の専任者大谷隆夫さんは関西労伝から参加しています。教派やイデオロギーによる活動が協力関係を生み出したのでなく、「場」の課題が一致協力を生み出したといえます。

以上、関西労伝がめざす「場の教会」は、具体的な問題や課題を通して人間のやぶれ目と向き合う場であり、既成教会のオルタナティブな存在として活動していることを述べてきました。

次にJ・エリオットが、ペテロ第一の手紙に関する著書のなかで、原始教会における「家」(オイコス)が宣教の拠点として位置づけられているとの論旨を紹介します。

「ペトロの第一の手紙」―宣教戦略としての「家」(オイコス)―

J・エリオットは米国のルーテル派の聖書学者ですが、『ホームレスのためのホーム：ペトロ第一の手紙の立ち位置と戦略、その社会科学的考察』（John. H. Elliot：A Home for the Homeless: A Social-Scientific Criticism of I Peter, Its Situation and Strategy, Fortress Press, 1990）の著書が刊行されています。

原始キリスト教の「家の教会」の解説は、これまでパウロ書簡を中心に福音書や使徒言行録からの論考を踏まえたものが主ですが、ペトロ第一には「教会」（エクレシア）という用語は用いられていませんが、「家：（家の居住人）」（オイコス）が宣教戦略の場として位置づけられているというのが、エリオットの論旨です。

ペトロ第一の歴史的背景を次のように述べます。一章一節に記されるポントス、ガラテヤ、カパドキア、アジア、ビティニア地域は、アジアを除き険しいタウロス山脈の北方並びに西方に位置する寒村地帯で、パウロが活動した都市中心の地域とは対照的であること。この地域に居住する人々（キリスト者）は、「召し使い・家業奴隷・下僕」（二・一八）、「管理者（奴隷の身分）」（四・一〇）、「仮住まいする間・寄留の間」（一・一七）、「寄留者・旅人・故郷を離れた者」（二・一一）と言われる人々で、「生活を共にする・共に住む・共に暮らす」（三・七）人々です。この用語は左記の註にあるように、すべて「家」（オイコス・oikos）を基語とする言語で、この地域に住む人々の実生活の状況を示す用語だと述べています。故郷から余儀なく逃れた離散者であり、寄留者であり、難民、旅人として、また追放者、逃亡者でした。したがって、ペトロ第一におけるこれらの用語を、これまでの註解書のように宗教的・信仰的次元で、キリスト者を「天の故郷を望みつつ、地上では旅人であり寄留者である」と解釈するのは誤りだというのが、エリオットの主張です。

（註）「召し使い・家業奴隷・下僕」（二・一八、オイケテース、oiketēs）、「管理者（奴隷の身分）」（四・一〇、オイコノモス、oikonomos）、「仮住まいする間・寄留の間」（一・一七、パロイキア、paroikia）、「寄留者・旅人・故郷を離れた者」（二・一一、パロイコス、paroikos）、「生活を共にする」（三・七、シュノイケイン、synoikein）

ローマ支配以前この地域は、ペルシャやギリシャの支配下にあり、政治的文化的な統制はなく、約九〇万人の人々が居住していたといわれます。多種多様な人種と文化のるつぼで、土着の貴族階層や行政官、解放奴隷、奴隷（douloi）や召使（oiketai, servi）、外国人（parepidēmoi, xenoi）、異邦人（paroikoi, metoikoi, katoikaoi）、少数のローマ行政官や軍人、特権を付与された多数のユダヤ教徒（人）が居住していた地域です。

ローマ支配時代になると、「寄留者：旅人」（パロイコス）たちは、帝国の経済を支える重要な労働力となります。市民的地位や社会的身分は法的に制限され（結婚、土地所有、集会参加、選挙など）、不安定な存在でした。政情安定期には日常生活に支障はないのですが、いったん政治的混乱や経済的不況が生じると、かれらはアウトサイダーとなり、中傷や疑惑の対象となりました。地域の習慣や義務的作法の違いが疑惑の目でみられ、外国人ゆえに敵愾心や虐待を受けることも起きます。時にローマ帝国から反逆者扱いされることもありました。居場所も公民権も剥奪された者にとり、「家」（オイコス）は唯一帰属する「場」であり、共通の価値観や理念を養う「場」でした。

このような日常生活の現実を背景に、ペトロ第一における「家」（オイコス）が宣教の「場」として、また、宣教戦略の拠点として位置づけられたというのがエリオットの主張です。著書「ホームレスのためのホーム」の表題が、如実に示している所以です。

ペトロ第一の著者については、次のように述べています。ペトロやパウロなど第一代の教会指導者亡き後、ローマ在住のペトロ系グループがパウロ的な用語を用いて、ローマ在住のパウロ系グループとは異なる宣教戦略を、小アジアに離散するキリスト者に送った手紙（回状）だと。そして、この使信の重要な視点は、二章四節から一〇節までのペリコーペ（礼典の聖書段落区分）に提示されていると。

重要なカギになるのが、五節の「霊的な家」（oikos pnuematikos：原文は「霊的な家として建てられつつある」）で、この「霊的な家」は九節の「あなたがたは、選ばれた民、王の系統を引く祭司、聖なる国民、神のものとなった民です」に直結していると述べます。この九節は、「出エジプト記」一九章六節からの引用ですが、モーセが荒れ野の三ヶ月の旅の後、シナイ山で神から語りかけられる箇所です。

この「出エジプト記」に関してエリオットは、ペトロ第一が記される以前のアレクサンドリアのユダヤ人哲学者フィロン（前二五〜後四五／五〇年）の著わした「出エジプト記」との解釈上の類似点を指摘します。フィロンは社会的観点から宗教を考察する立場で「出エジプト記」を解釈し、アレクサンドリアのユダヤ教徒（人）を差別された第二級市民のマイノリティと記しているが、ペトロ第一も同様に、小アジアのキリスト教徒を貧しい階層の「居留者」として記していると述べます。また、フィロンが「出エジプト記」一九章六節の「王国」（basileion）を、「王の住居」すなわち「王の家」と解釈しているが、ペトロ第一の二章九節の「王の系統」（basileion）も、フィロンと同じく「王の家」を意味していると。この王とは神を指しており、「王の家」とは「神の家」を意味していると結論づけます。

以上の解釈を踏まえて、このペリコーペは「あなたがたは霊的な家を建てつつあり、それが神の家だ」と。祭司団（hierateuma）、種族（genos）、民族（ethnos）、民（laos）などの用語は、「家」（オイコス）の住人たちであるキリスト者を集合的に表現して、終末論的に解釈しているのだと述べています。この箇所もこれまで解釈されてきたように、精神的に霊化されたキリスト教の礼拝や儀式に関するコメントでなく、また、信徒の祭司性概念を深化しているのでもなく、終末論的観点から神の民として信じる者の共同性、選ばれた者、聖性を強調し、「家の住人」（オイコス）として歩むように推奨しているのが、この使信の骨子だとエリオットは述べます。結論的には、キリスト者は「神の家」のもとにあり、「地上の権力者の家」のもとにあるのではないというメッセージです。

宗教的儀式的用語と解釈するのは、「ペトロ第一」の置かれている歴史的状況や当時の「家・家の居住人」の実態や働きを無視することになり、社会的政治的状況の考察を欠落させることになると、エリオットは述べます。

教会（エクレシア）という用語を語らず、「ホームレス」（寄留者、外国人、難民、居場所の無い者たち）の居住する「家」（オイコス）という実生活の場を、宣教の拠点として語るこの使信は、労伝が提示してきた「場の教会」とともに再考すべき課題といえます。

（付記）

一　著者エリオットは、キング牧師の公民権運動やベトナム反戦デモに積極的に参加。エルサルバドル内戦期には、米国の国境地帯に難民が溢れる状況を目の前にし、ペトロ第一の手紙と同じ状況を想起しながら救援活動に参加している。『The Church as Counter-culture; A Home for the Homeless and a Sanctuary for Refugees』参照。）

二　キリスト教史上における「神の家（族）」（オイコス）の検証が必要です。四世紀以降、キリスト教が公認され、国家宗教として成立していく過程で、教会は異端思想に対して厳しい弾圧を展開します。「教会」（エクレシア）と「神の家（族）」（オイコス）との乖離が起きます。教会側は、時代や民族を超えた「普遍的教会（公同の教会）」（カトリック）を標榜し、異端宣言を受けた教師・信徒の運動を次々と弾圧していきます。普遍的（カトリック）という形容詞を全面的に標榜したのは、異端集団と運動に対する強硬姿勢を全面的に示しています。教会堂は、当時のローマの裁判所や皇帝崇拝儀式用神殿のバシリカ様式を適用しますが、異端とされた集団は個別の家での教会運動を展開します。「バシリカ教会」と「家の教会」との対峙です。普遍教会の弾圧は、中世時代の異端審問裁判の出現となります（Harry O. Maier：『Religious Dissent Heresy and Households in later Antiquity』Vigilia Christianae, 1995, No.1：pp.49-63参照）。一二三一年に設置された教皇直属の異端審問裁判所は、フランシスコ会とドミニコ会に仕事を委ねています。世俗君主たちも権力拡大のため異端審問を支援しますが、宗教が権力や権威と癒着するとき、本来のミッションを喪失し、権力者の手先の役割を果たすことを、歴史は実証しています。

帚木蓬生著『聖灰の暗号』（新潮文庫上下、二〇一〇年）は、一二世紀に異端とされ、宗教裁判で火刑に処されたカタリ派を題材にした小説ですが、次のような叙述があります。「その教会は一般の民家と大差はなく、聖職者たちがつどう共同体は病院であり、学校であり、また手仕事をする作業場でもあった」と（上、二二一～三頁）。

三　現在も寄留者、難民の歴史を背負いながら、「神の家」を根拠に居住する人々がいることを個人的経験として記します。かねてから「シリア正教会」を訪ねたいとの願いをもっていましたが、歴史的に翻弄されてきた同教会は、二千年の歴史の間にアンティオキアの都を離れ、世界各地での離散を余儀なくされます。昨年（二〇一五年六月）、ロサンゼルスの「シリア正教会」

（The Syriac Orthodox Church of Antioch）を訪ね、礼拝（クルバナ）に参加する機会がありました。同教会の司祭に自己紹介をした後、当日の礼拝について尋ねたところ、その日は第四日曜日だったので、礼拝式はアラビア語とアラム語で進められるとのこと（通常は英語とアラビア語）。正面に英語の式順が投写されるので、心配いらないとのことでした。一般に正教会の聖餐式は他教派信徒の受領は認めてないと聞いていたので、尋ねると、「あなたはクリスチャンでしょう。なぜ受けられないと思うのですか」との返事。また、シリア正教会のシリアとは国名（Syria）ではなく、アラム語（Syriac）の意味で、アラム語礼拝を行う教会の意味だと説明を受けましたが、重層する歴史が伝わってきました。

礼拝までに時間がありましたので、庭の椅子に座っていましたら、長老さんらしい方がやってきて、にこやかに握手を求めてきました。日本から来たと述べますと、自分は兵士とし、仙台にいたことがあるとのこと。「では、アメリカの兵士だったのですね」との問いに「ノー！」の返事。しばらくして、彼は「あなたは相手が英語を話すから、アメリカ人やイギリス人だと思うのですか」との問いかけ。しばらく間をおいて「わたしはエルサレムで生まれました」とのこと。「では、パレスチナ人ですか」とわたしは反射的に問い返しましたが、彼はまたもや「ノー！」との返事。外国人を見ると、一体この人は何人かと見定めようとする自分自身の習性に気づき、しばらく沈黙していました。

この長老さんは、おもむろに語り始めました。自分の祖父母はアルメニア人でトルコに居住していたこと。第一次世界大戦前後、トルコのアルメニア人大虐殺の時期に、仲介役としてやってきた英国軍が強制的に祖父母をエルサレムに移住させたこと。後に自分の父親になる息子が成人して結婚し、本人が生まれたこと。しかし、幼児期にイスラエル国家が設立され、今度はアメリカの地に逃れてやってきたと語りました。

礼拝が始まる時間がきたので、長老さんは「さあ、参りましょう」と、わたしを促し、礼拝堂に向かいました。扉に手をかけたとき、長老さんはわたしの方を振り返って言いました。「わたしのネイションは、この教会です」と。わたしの国、わたしの国籍は、この教会ですということでしょう。この瞬間、聖書のことばが降ってきました。「わが国籍は天にあり」と。これまでこの言葉を観念的に解釈していましたが、解釈でなく、文字通りこの言葉をそのまま生きている人が目の前にいることに、一瞬、時が静止しました。

礼拝式順の召詞は、「おお神よ、いまあなたの家にやってきました」の言葉で始まりました。会堂にはシリア、エジプト、ヨルダン、イラクなど中東世界の各地から約百人の人々がこの「神の家」に参集していました。歴史上、異端とされた中東世界の歩みの中に、生きた聖書の言葉が息づいているのを実感しました。

これからの課題

一　本稿でも述べてきたように、教会（教団）が宣教の視点から二つの教会ムーブメントを位置付けることが必要です。オルタナティブ（伝統的規範にとらわれず、挑戦的なもうひとつの生き方を選ぶ）教会運動が、教会（教団）の活性化に連なることを歴史は証明しています。まず教区レベルで、伝道委員会や宣教部委員会で検討され、地域に根ざした宣教課題の検討が望まれます。

二　関西労伝はその初期から、専任者の「労伝牧師」の教師籍を教団に申請してきました。一九九四年七月、教団常議員会は関西労働者伝道委員会（労伝）を「教団関係団体」として承認した上で、労伝専任者をこれまでの「教会担任教師」から「教務教師」として認めました。この間、約三〇年以上の年月が経過しています。したがって、現在の専任者・大谷隆夫さんの教団教師籍は「教務教師」として位置づけられていますが、それ以前の三人の専任者の教師籍は「教会担任教師」だったということです。専任者の教師籍は既成教会の教師として位置づけられていたということです。これは単に教師籍の問題でなく、教会（教団）の宣教論と深く関わる問題です。現在、労伝専任者の大谷さんは、摂津富田教会の牧師でありながら、教団教師籍は「教会担任教師」ではなく、「教務教師」です。このような矛盾を解決するためにも、教会宣教の視点から検討が必要です。

三　関西労伝は当初から、グループミニストリーの働きを提唱してきました。具体的には現在専任者を中心に、協力委員（教師ならびに信徒）が核となっていますが、今後は専任者、協力委員、各地から寄せられる献金協力者ならびに教会が、グループミニストリーの当事者として理解を深め、その機能的運営方法を検討することが課題となります。年に一回は協力者ならびに関係教会が語り合える機会が必要と思われます。

四　インターン制のプログラムは重要な課題です。神学校の強力な協力が望まれます。

（元　阿倍野教会牧師）

第七章　今後の働きに寄せて

ＫＣＣにとっての関西労伝
―共生社会への協働の取り組みを中心に―

李　清一

在日韓国基督教会館（ＫＣＣ）と関西労働者伝道委員会（関西労伝）との最初の接点は、大阪女学院構内にあった宣教師住宅に、在日大韓基督教会への宣教師として派遣されてきたカナダ長老教会のＪ・Ｈ・マッキントシュ牧師一家が居住（一九六四～一九六九年）したことがきっかけとなって生まれた。その宣教師住宅の一部をＫＣＣが会議などを行う事務所として利用していたのであるが、関西労伝が教育プログラムとして実施していた関西学生労ゼミの第一二回（一九六六年）と第一三回（一九六七年）の少なくとも二回が、この宣教師住宅内にあったKCCを会場として実施されたのである（『働く人間像を求めて』一七八〜一七九ページ）。

本稿では、KCCが大阪生野区にその拠点を移して活動を展開するようになった一九七一年以降におけるKCCと関西労伝との協働の取り組みを、特に人と人の繋がりに焦点をあてつつ振り返った後、インターン生を受け入れた際の経験や今後の期待などについて触れることにしたい。

関西労伝との協働の取り組み

関西キリスト教都市産業問題協議会（KUIM）の発足

一九七一年の秋、信徒宣教師として米国合同教会から関西に派遣されることとなっていたロン・藤好さんの受け入れについてKCCで会合がもたれた。その場には、関西労伝の竹中正夫先生や金井愛明先生、平田哲先生などが同席されていたと記憶している。この会合では、都市・産業社会の宣教課題に取り組んでいる関西のキリスト教団体や個人がつながるエキュメニカルな組織の必要性などについても話され、それは、翌年一月のKUIMの発足というかたちで実現した。関西においてはこのKUIMを中心に多くの協働の働きが実施されるようになるが、その源流には関西労伝があったのである。

ＫＣＣ活動と関西労伝の関係者たち

崔忠植先生のこと。一九七三年一月にＫＣＣ幹事として赴任した崔先生は、関西労伝インターン（一九六四年）の経験者であった。崔先生は一九七九年にＫＣＣを辞任されるまでの六年間にわたって、ＫＣＣ活動の中心となり、在日韓国・朝鮮人の基本的人権の確立や差別撤廃運動の働きに従事された。

近藤善彦先生のこと。近藤先生が日本キリスト教団生野教会の牧師として赴任されたのは、一九七四年四月のことであった。崔先生と同時期に関西労伝インターンを経験した近藤先生は、ＫＣＣが一九七五年一月から始めた生野地域活動研究会（地域研）のメンバーでもあった。この地域研の提案で、生野地域問題懇談会が開催（九回）され、その中で日本語を学ぶ場が欲しいとの地域の在日のオモニ（母親）による要望があったことがきっかけとなってオモニ・ハッキョ（母親学校）が誕生（一九七七年七月）した。近藤先生は長年にわたってオモニ・ハッキョの校長として奉仕され、また同年一二月に発足した生野地域活動協議会（生野地活協）の会長としても活躍された。八〇年代に始まった外登法抜本改正運動を支援するために「外登法問題と取り組む関西キリスト教連絡協議会」（関西外キ連）が一九八四年に結成されると、近藤先生はその中心メンバーとして活動された。しかし、近藤先生は一九九五年に病のため生野教会を辞任されたが、その二〇年間に及ぶ生野地域での働きは現在も引き継がれている。

平田哲先生のこと。平田先生とは、ＫＵＩＭや「関西いのちの電話」の設立時を通して知り合うようになり、平田先生が関西セミナーハウスの所長時代にはＫＣＣ新築計画（一九八〇～一九八二年）の委員会に加わっていただいた。ＫＣＣをさまざまな面で支援してくださったＷＣＣアジア担当の朴庚緒博士を紹介してくださったのも平田先生であった。

三好博先生のこと。一九七六年三月一日に韓国で発表された「韓国民主救国宣言」を受けて同年四月に「韓国民主化斗争支援関西キリスト者連絡会議」がエキュメニカルな組織として結成されると、その代表に三好先生が就任された。当時、三好先生は関西労伝とＫＵＩＭの代表でもあった。三好先生が代表を務めておられたＫＵＩＭの提案により、労働者をはじめとする韓国の民衆の人権を守る闘いを支援するための日・韓ＵＩＭ交流が一九七八年から実施されるようになる。

小柳伸顕先生のこと。関西労伝の専従であった小柳先生とは、一九七九年に始まるＳＣＭ協力委員会主催の現場研修（釜ヶ崎、生野）で協働した。釜ヶ崎は小柳先生が、生野は私が担当し、現在まで続くＳＣＭ現場研修の方向性をつくっていった。また一九八四年には、教団部落解放センターとＫＣＣが中心となり、日本における被差別マイノリティ（アイヌ、被差別部落、在日韓国・朝鮮人、在日中国人、沖縄など）のプラットホームづくりを目指して「被差別少数者協議会」

を結成した。協議会は、京都・関西セミナーハウス（一九八四年）を起点に、北海道・白老（一九八六年）、沖縄・那覇（一九八七年）、四国・高知（一九八九年）、九州・熊本（一九九二年）の五回にわたって開催された。協議会においては、各マイノリティの抱えている問題が共有され、人間の尊厳と解放への連帯のために、より低いところでつながる連帯の大切さが確認された。協議会の実施にあたっては、当時、教団部落解放センターの活動委員会委員長でもあった小柳先生が事務局長として尽力された。

インターンの受け入れ

ＫＣＣは、これまで二人のインターン生の委託を関西労伝から受けた。関西学院大学大学院の西井潔さん（一九七六年度）と同志社大学大学院生の西岡昌一郎さん（一九八一年度）の二人の神学生である。

西井潔さんのこと。西井さんが関西労伝のインターンの現場にＫＣＣを選んだ理由は、「日本人の立場から在日韓国人の問題を日本社会における日本人の責任の問題として取り組む道はないだろうかと思ったから」であった（『働く人間像を求めて』三〇五ページ）。西井さんがＫＣＣでインターンを務めた一九七六年は、生野地域活動研究会に在日大韓基督教会の青年たちが加わり、差別撤廃運動と民族的アイデンティティとのかかわりが模索されていた時期でもあった。そこに同世代の日本人大学院生が加わったことで、日韓の歴史認識をはじめ、西井さん自身にとっての日本人としてのアイデンティティなどについて活発な論議がなされるようになったと記憶している。インターン生としての西井さんの役割は、生野区役所と交渉し、在日韓国・朝鮮人の人口分布に関する資料などを得て、それを整理・分析することであった。西井さんの分析の結果、生野区の一九連合町内会の内、在日韓国・朝鮮人人口が五〇パーセントを超える連合町内会が七カ所もあることなどが判明した。当時、私たちKCCにとって生野区役所は批判の対象であり、積極的なかかわりを持つ相手ではなかった。そのような中で西井さんによってもたらされた資料は、地域活動を推進するにあたって様々な面で参考となる資料となった。

西岡昌一郎さんのこと。西岡さんがインターン生として来た時期のKCC活動における柱の一つは、指紋押捺撤廃運動であった。生野地域住民が「指紋」に対して持つ意識に関するアンケート調査を生野地域活動研究会が実施した際、生野の住民以外に日本の学生の意識も実施することになったが、その学生対象の調査を担当したのが西岡さんであった。アンケート調査の結果、八〇%以上の人が「指紋を押す際に不快感を持つ」と答えつつも、指紋押捺が外国人に強要されることに対しては六〇%の人々が「法律だから仕方がない」と感じていることがわかった。その後、このアンケート調査の結果は、指紋押捺撤廃運動を推進するにあたっての重要な資料の一つとなった。西岡さんは多文化共生に関して『教師の友』（日本基督教団出版局）一九八四年四月号から六月号に青年科の分級教案を執筆されている。内容は、日本人の最も身近な隣人としての在日韓国・朝鮮人の「歴史」「現状」「抱えている問題」「在日大韓基督教会の歴史」「宣教協約の意味するもの」である。これは『教師の友』に在日韓国・朝鮮人の問題と課題が教案として扱われた最初のものである。

また、『労伝ニュース』一五六号の中で西岡さんは、「学生時代には学校の教師を志望していた自分が牧師の道を歩むことを決めたのも、この生野の現場でした」と記している。生野での経験が現在の西岡さんの牧会人生につながっていることを知るにつけ、感慨深い。

関西労伝への期待

ＫＣＣの立場から関西労伝に関しての記憶をたどってみた。これまで触れた方々以外にもＫＣＣがお世話になった方々のお名前と協働の場を記せば、次のようになる。

京都韓国学園建設問題（村山盛敦、深田未来生、真下紘行、府上征三）、ＫＵＩＭ（村山盛忠、荒川純太郎、藤田公、高見敏雄）、外キ協（柴田作治郎、大津健一、犬養光博）、ＮＣＣ―ＵＲＭ（井上勇一）、いのちの電話（平田眞貴子）、エキュメニカル・ネットワーク（田中義信）、ＳＣＭ（大谷隆夫）。ＫＣＣを協働の働きの仲間として温かく迎え、多くの貴重なご教示を与えてくださったことにあらためて感謝したい。

終わりに、関西労伝への期待として次の二点を上げておきたい。

一　関西労伝の労働ゼミおよびインターン制度によって輩出された人材は多い。新しい時代には必ず新しい課題が出てくる。現在、そして将来に必要な人材を養成する企画を創出していただきたい。

二　竹中正夫編『働く人間像を求めて　関西労伝ノート・その二〇年』の対談などで言及されている「労伝の神学」について、継続して深めるとともに、その成果を広く知らせていただきたい。

（ＫＣＣ名誉館長）

SCM現場研修（生野・釜ケ崎）のあゆみ

飛田　雄一

SCM現場研修のはじまり

SCMはStudent Christian Movement（キリスト教学生運動）の略で、Supply Chain Management（供給連鎖管理）ではない。戦前にはSCM（社会的キリスト教運動）があった。その歴史も深く学びたい。

SCMそのものは残念ながら、戦後、活発であったとは言えないが、一九五〇年代からSCM方策委員会が新しい活動を模索していたようだ。七〇年代に入ると、SCM協力委員会が、学生YMCA、聖公会SCA、早稲田奉仕園、神戸学生青年センター、名古屋学生センターなどによってつくられていたが、現場研修という新しい試みがスタートしたのは、一九七九年からである。

第一回現場研修の「趣意書」には以下のような心意気が記されている。

かつてSCM指導者会議をつくり、教会形成と伝道に取り組んでいたSCM協力委員会は、七〇年代に入ってから、聖研ゼミナールやキリスト教セミナーと、試行錯誤をくりかえす中で、その方向性を探ってきた。キリスト教学生運動の関連団体の連絡と交流にとどまるのか。それとも、もう少しやれるのか。

ここに新たに現場研修を企画して、私達は将来への一つのステップを踏み出す。みんなに共通に理解されるはずの言葉の、その前提が失われ、あるいはプログラムが一人歩きし、また、アジアの私たちにとっては、演繹的なドグマでしかない既存の神学への不信にみちた現況がある。その状況に対して、私たちはどこから言葉を発し、日々の対話と実践をつくっていくのか。

そのことの行われる場を、私たちは「現場」と名づける。しかり、日常生活の中に「現場」をどのように意識化していくか。

そのための視座を互いに獲得していく契機をつくることが、この現場研修の目的である。現代社会の矛盾が鮮映に表れている「現場」、様々な学生・青年が、そこでの共通体験をふまえつつ言葉をブツケ合い、さぐりあっていくときにキリスト教学生運動が、また青年運動が、社会の中に、新たな展開をもって、着実に根を下ろしていくことを私たちは確信する。そのための第一歩を踏み出す。　一九七九年二月一日　SCM協力委員会主催者の熱気が感じられる文章である。日程は三月二五日から三一日まで。初日はＫＣＣで呉在植さんの記念講演も行われた。プログラムはその後、生野・釜ヶ崎に分かれて労働体験等を行い、最後の三日間、まとめの会がＹＭＣＡ六甲研修センターで開かれた。募集人数は生野・釜ヶ崎各一〇名の合計二〇名。ところが、予想を超える反応があり、応募者は三〇名を数えた。その中から、提出された課題文等により二〇名を選考したことを記憶している。

実行委員長は神戸学生青年センター館長の小池基信（当時）、委員には、関本肇、小柳伸顕、李清一、佐藤与紀、武邦保、千葉宣義、中原真澄、飛田雄一が名を連ねている。

全体で六泊七日というタイトなスケジュールであったが、研修生たちは熱心に参加した。最終日のまとめの会では、シニアが退場を命じられ、研修生だけの会も開かれた。

学生・青年主体の現場研修へ

二回目以降は、ＳＣＭ協力委員会が主催者であることに変わりないが、研修生自身が次回以降の運営に関わる態勢ができてきた。第一回、第二回参加の梅崎浩二が、数年間、実行委員長を務めた。

二〇一六年三月開催の第三八回現場研修までの研修生総数は五〇〇名を越えている。そのすべてを紹介することはできないが、その一部を紹介しよう（順不同、敬称略）。

瀬口昌久、坪山和聖、梅崎浩二、角瀬栄、倉本（長崎）由美子、香川博司、藤原羊子、李相鎬、李根秀、恵大一郎、石居盾夫、川田靖之・千秋、横山潤、石井智恵美、後宮啓爾、西岡昌一郎、中西昌哉、伊藤史男、小笠原信実、望月智、木谷英文、今井牧夫、成田信義、西岡研介、吉沢託、李明生、黒瀬拓生、西中誠一郎、川上信、竹内富久恵、辻早苗、李沙羅、金一恵、東島勇人、川村直子、大前信一、朱文洪、片田孫朝日、西川幸作、中村香、村上恵依子、鍋島祥郎、清水のぞみ、森恭子、鍋谷美子、藤室玲治、福本拓、山本知恵、山田拓路、浅海由里子、今井牧夫、門戸陽子、宮城かおり、横山順一、内田美紀、バナジー・ジョティ・千歳・サラフィーナ、村瀬義史、朴淳用

（名簿の残っていない年度もあり、特に恣意的に選択しているわけではありませんので、自分の名前がないと怒らないでください。でも、飛田 hida@ksyc.jp までご一報くださるとありがたい）。

研修生が現場研修を運営していくという態勢が組めない時期もあった。今は六泊七日という研修期間を短縮する、生野・釜ヶ崎の同時並行ではなく、すべての研修生がすべて同じスケジュールで学び、最後にまとめの会をKCCで開くというスタイルに変わってきている。五名から一〇名の研修生が参加するという状況が長く続いたが、二〇一五年（第三七回）には、過去の研修生の口コミが広がって一五名の参加があった。毎回、現場研修の中で公開講演会が開かれているが、講演者には元研修生の叶信治、山田拓路らが登場している。

生野・釜ヶ崎の両現場では、金成元、呉光現、薄田昇、小柳伸顕、大谷隆夫らが現場スタッフとして参加している。

釜ヶ崎現場研修オリエンテーション
（於・旅路の里、2014年3月）

新しい働き手を生み出す使命を担って

現場研修には、課題をもってそこで働いている人との連携が重要である。重要であるという以上に、その人がすべてであるといっても過言ではない。そういう現場であるからこそ、研修が可能なのである。かつて第一回を生野・釜ケ崎で開き、第二回を農村で開くという構想もあったが、生野・釜ケ崎という現場で、現場で働く人との協働によって、この現場研修は成り立っていることをあらためて確認したい。

なお、当初、日本ＹＭＣＡ同盟に置かれていたＳＣＭ協力委員会事務局は、その後、名古屋学生センター、神戸学生青年センターに移り、現在に至っている。初代委員長は関本肇、その後、李清

一、野村潔、そして現在は金成元が責任を担っている。

先の元研修生のリストを見ても、ＳＣＭ現場研修を体験した人たちは現在もよき働きをされている。生野・釜ヶ崎という現場で学んだ彼／彼女らが、新しい自分の現場を見出し、その現場で働いているのである。現場は、現場で働く人の姿は、新しい現場、そして新しい働き手を生み出す唯一の源であるかもしれない。

（神戸学生青年センター館長・ＳＣＭ協力委員会主事）

「戦いの同志」をめざして

桜井　希

『労伝ニュース』から問われる

私の手元には八二号（一九九三年一〇月）から現在に至るまでの『労伝ニュース』のファイルがあります。二〇数年に及ぶその歳月は、私が教会や学校で働いてきた歳月に相当します。ニュースが届くと、私はまず多種多様な現場から寄せられた文章を食い入るように読み、専任者からの報告にじっくりと聴き、献金報告では友人の名前（時には自分の名前）や知人の属する教会を探し当て、その後しばらくの間、かき回された頭を整理するということを繰り返してきました。私と釜ヶ崎をつなぐこのニュースレターは、自分を見つめ直す機会を与えてくれています。そこから発せられる問いかけを受けて、自分のこれまでを振り返り、これからの生き方を考えてきたからです。大谷隆夫さんが放った「このイエスの生き様をどれだけ自分のものと出来るか」（九九号）という問いは、今も私自身への問いとなっています。

専任者の報告を読みながら気づかされることは、釜ヶ崎で起こっている暴力は学校でも起こっているということです。学校という現場は教員と生徒の関係が「教える側と教えられる側」、「成績をつける側とつけられる側」、「お辞儀を命じる側とさせられる側」というように非対称的に固定されがちです。組織と権限を笠に着て、自己を絶対化する教員は生徒を意のままに動かすことに快感や優越感を得、そのようにして培われた傲慢は生徒に対する暴力となって現れます。体罰はもちろんですが、心身にまで及ぶ管理と序列化が「生徒のため」と称して正当化されていく現実があります。労働者と共にすさまじい暴力に対峙して闘う労伝の姿は、暴力をふるう側に安住しがちな私を厳しく問い質し、果たすべき使命を指し示してくれる。そういう意味では、労伝の現場と自分の現場はつながっていて、労伝を支援することは自分自身を支援することだとも言えます。

夜回りに取り組む

釜ヶ崎との本格的な出会いは、『労伝ニュース』が手元に届き出す頃より半年ほど遡ります。私が大阪にある教会で働き出した一九九三年五月初旬、一通の手紙が送られてきました。差出人は金井愛明さん、タイトルは「お米をください」（二五三頁参照）というものです。手紙には「いこい食堂」がこれまで取り組んできたこと、炊き出しに並ぶ人たちが急激に増えてきたこと、そして「悲しいことは、おむすびが小さくなることです」と現状が訴えられていて、最後は「もう一度、原点に帰って、炊きだしに並んでいる労働者を救済の対象でなく、戦いの同志であることを確認しながら、炊きだしを続けていきます。ここからはじめます」という文章で締めくくられていました。「戦いの同志」、この言葉は金井愛明さんをはじめとする労伝のスタンスを象徴的に表していると思います。

その後、私は自宅から米袋を持って「いこい食堂」を訪ねましたが、お米を渡して終わりにはしたくありませんでした。これまで何事も中途半端にしてきた自分に対する嫌悪もあり、今度こそ最後まで関わり、その次にどうなるかを見定めることを自らに課しました。具体的には、持って行ったお米はおにぎりになるわけですから、次は「いこい食堂」に行っておにぎりを握りました。そのおにぎりは次にどうなるかというと、労働者の手に渡ります。おにぎりをもらった労働者は次にどうなるか。多くの人は野宿を強いられていきます。こうして私は野宿している人を訪問する夜回りの活動に入っていきました。

当時は越冬期間になると、釜ヶ崎に関わるキリスト教団体が曜日ごとにパトロールをすることになっていました。その内の一つ、「旅路の里」を拠点とした夜回りに参加しながら、私はここでも「その次にどうなるか」を問うことに努めました。越冬期間が終わる頃、このまま夜回りを続けるのか、それとも今まで通り期間限定にするのかが議論になりました。言うまでもなく野宿している人は越冬期間だけ野宿しているわけではありません。話し合いの結果、私たちは通年で夜回りをすることにしました。

夜回りを続けていくことで取り組みの中身も問われました。越冬期間は各地からさまざまな支援物資が届けられます。毛布やカイロ、おにぎりやインスタントの味噌汁などをリヤカーに積んで、私たちは夜回りに出かけます。その頃の活動のメインは野宿している人に食べ物や毛布を配ることでした。けれども、通年になるとおにぎりがない場合もあり、当然「何のための夜回りか」ということが問題になります。私たちは野宿している人への第一声を「おにぎりどうですか」から「身体の具合はどうですか」に変えていきました。「あげる」夜回りから「聴く」夜回りにしていく。これが取り組みの転換点になりました。身体の具合を聞くとなると、そこに責任が伴うからです。身体の不調や痛みをさんざん聞いた揚句に、「それではおやすみなさい」で終わるわけにはいきません。相手が直面している課題を共有する覚悟がなければ、最初から「身体の具合はどうですか」とは聞けないはずです。ここから私たちの悪戦苦闘が始まりました。

夜回りで出会ってからその次はどうなるか。私たちはひとり一人の要望に応じて病院に付き添ったり、施設入所の手続きを一緒にしたり、市立更生相談所について行くことにしました。入院する人がいればお見舞いに行き、施設に入所したと聞けば面会に行き、居宅保護になった人の自宅を訪問するようになりました。訪問先で話を聞くうちに、孤立しがちな入居者が交流できる場が欲しいとなり、居宅に移った人たちを招いて食事会をすることもありました。鍋を囲みながら釜ヶ崎での生活の仕方や知恵を披露しあうひと時は楽しいものでした。もちろん活動を広げていく上で小柳伸顕さんのアドバイスは欠かせませんでしたし、そのことを通してキリスト教協友会の歴史や各団体の取り組みを知りました。また、大谷隆夫さんに誘われて医療連絡会議の活動に参加する中で、個々のケースにどのように対応すべきかを学んでいきました。

こうして「受付窓口」のような対応ではなく、相手と人格的な関係を築いていくようになると、当然のことですが、自分の中にある差別意識に気づかされることになります。しかも、それは取り組みのさまざまな場面で一度ならず度々起こります。自分で気づく場合もあれば当人に怒られることもあり、後に別の人から指摘されて落ち込むこともありました。それでもそこから逃げずに自分の傲慢さや醜さに向き合うことができたのは、一緒に取り組む仲間のおかげでした。私たちは金井愛明さんの言う「戦いの同志」に少しでも近づこうとしていたのかもしれません。

生徒たちに教えられる

数年後に私は教会を辞して京都にある学校で働くことになりましたが、学校でも生徒による「野宿生活者訪問」を企画し、有志を募って実施したことがあります。鴨川の河川敷を歩き、野宿している人に声をかけて生活の様子を聞き、必要な人にはカイロを渡すというものです。

事前のアンケートで野宿生活者のイメージを「汚い」「怖い」「くさい」「きもい」「落ちこぼれ」「社会のお荷物」などと答えていた中学生たちが、取り組み後には次のような感想を寄せてくれました。「ぼくはそこで野宿者に対するイメージが変わりました。まず『こんにちは』としゃべりかけると、笑顔で『こんにちは』と返してくれた。ぼくはその声をきいたとき、意外と明るい人なんだなぁと思った。しゃべっているあいだずっと笑顔だった。（中略）そんな人に暴力をふるったり、火をつけたりする人がいるなんて考えられない。人間として最悪だと思った」。「野宿をしている人はもっと元気がないと思っていたけれど、思っていた以上に明るくて優しく、拒絶されなかったので、びっくりしました。それからカイロをハウスに置くときに、生活する上で必要な最低限の物はそろっていて、しっかり生活できるようになっていた。それから空き缶を集めて三日間で一〇キロも集めることができて、それが一キロ一三〇円で売っていてそれを生活の糧としている人もいて、しっかり仕事のようなことはしているのだなと思った」。「初めて話しかけたときはやたら怖かった。なんか怒って追っかけられんのかなぁ〜って思った。野宿者に会う前は余裕かまして、だけど実際あってみたら緊張した。（中略）一〇キロの空き缶を持たせてもらった。けっこう重かった。野宿する人はとても苦労してるんだと思った」。中には「今回、野宿者に会いにいったこの企画は悪いとは思わないけど、この企画はまだ上から目線で、カイロを配るなど自分達が裕福だからできることであって、もっと野宿者と対等に接して幅広い社会を知ってみたい。そのためには実際に自分でハウスを作って鴨川に住んでみてもいいと思う。それくらいの心構えがあって野宿者と心を共有できるような気がする」という批評もありました。

参加者全員ではありませんが、野宿生活者も同じ人間だということに気づかされた生徒がいました。相手の顔を見、声を聞き、空き缶を持たせてもらうことで、橋の上から眺めるだけでは分からない、同じ地平に立って初めて可能な出会いを体験したのではないか。一方、野宿生活者にとって中高生の多くはいつ襲撃に来るか分からない恐ろしい存在ですが、少なくともこの時に出会った彼らは人間に思えたのではないでしょうか。暴力によって非人間化されたお互いが人間に戻るために、出会いと対話の場をそれぞれの現場で作っていくことが求められていると思います。

（同志社中学校・高等学校 聖書科教諭）

お米をください

主の聖名を賛美いたします。今日はお米が欲しくてお願いの手紙を書きました。右手が少し不自由なのでワープロでこの手紙を書いている失礼をおゆるしください。

皆さんのところへ托鉢に伺えないのが残念です。

この訴えの手紙は主に大学時代の友人、神学校のクラスメイト、恩師、教会関係者、釜ヶ崎に来てからの支援者など、数十人に出しています。

なかには厚かましい訴えの手紙を受け取り、まだ元気で働いているのかと驚かれる方もおられることと思います。脳溢血で二回倒れ入院しましたが、説教も会員に嫌がられながら長い話をしています。時には集会の応援にもでかけています。

釜ヶ崎に来てから募金依頼や協力を皆さまにお願いしないできました。これは生き方というより、ものぐさな性格にありますが、釜ヶ崎の住民となるための労働をし、苦学をしている者にとっては、外に向かって募金、協力を依頼することに躊躇がありました。

炊きだし奉仕のあと、金井牧師から釜ヶ崎の現実について
レクチャーを受ける生徒たち（1994 年）

私たちは、いこいの家といこい食堂を与えられました。二〇数年前はまあまあの家でしたが、隣近所が高層化されたので、いまは小さくみすぼらしい家になりました。

いこいの家では米加田牧師により釜ヶ崎伝道所が開かれ、希望ヶ丘教会の人びとにより鍼治療など健康相談があり、食堂のメンバーや老人の宿泊にも用いられています。

いこい食堂は朝六時半から開き、現在は「玄米食堂」として白米、白砂糖、化学調味料の三白追放を掲げて、原価で玄米を提供し、健康を守る働きを続けています。

夜は「韓国風家庭料理」が韓国人のボランティアにより開かれている。最近、外国人労働者が増え問題になっているが、釜ヶ崎には韓国からの労働者が多いので、交わりの場として用いられることを願って場所を提供している。

昼は一一時の炊きだしをするために、ボランティアが数名九時から来て、九〇〇個のおにぎりを握ります。一回に二斗五升の米が要ります。

炊きだしは週に三～四回程度ですが、最近のように数が増えると、経済的にも人的にも不可能になります。悲しいことは、おむすびが小さくなることです。

私たちは多くの人びとから古着や雑貨をいただき、必要な人には差しあげ、そのほかは月二回、朝六時から三角公園前でバザーをして、その売り上げや協力者からのカンパ、ミッションスクールや教会からの献米などで炊きだしを続けてきました。

同封の資料にもありますように、釜ヶ崎は大変な状況にあります。三月上旬は五〇〇人程度だったのが四月に入ると六五〇人になり、四月下旬には八五〇人になり、連休には九〇〇人になりました。梅雨になると何人になるか予想もつきません。

炊きだしが始まって一八年になるが、私は毎日炊きだしをみつめてきた。それまで二五〇～三〇〇程度だったのが、昨年から急激に増えた。豊かだと言われる日本で一〇〇〇人が食を求めて並んでいる姿を目の前にして、田中正造が谷中を通して日本の崩壊を見たように、私も釜ヶ崎問題の中に亡国の兆しを見ています。

今後おにぎりを続けるか、続けるとするならどうするのか、祈り考えました。迷いながら皆さんに訴えることにしました。迷いながら、というのはハッキリとした見通しが立たないからです。すでに行政交渉は何度となく行われていますが、こころがありません。労働組合も弱く、多くを期待できません。

もう一度、原点に帰って、炊きだしに並んでいる労働者を救済の対象でなく、戦いの同志であることを確認しながら、炊きだしを続けていきます。ここから始めます。

皆さんの祈りと、こころをおにぎりにして釜ヶ崎の人びとに届けます。(1)お米は標準米を使用しています。運賃が高いので、おこめ券が便利です。(2)おにぎり用の梅干しと海苔もよろしく。おにぎりを握りにきてください。

送り先

〒五五七　大阪市西成区萩の茶屋二―五―一二　いこい食堂　☎〇六―五六二―一四五〇

一九九三年五月

釜ヶ崎にて　金井　愛明

「茶色の朝」

高見　敏雄

『茶色の朝』という題のフランスの寓話が日本語に翻訳され、そのメッセージが注目されている。フランスでは茶色はファシズムを表すと受け止められている。『茶色の朝』は、極右化が進む事態を憂いた臨床心理学者フランク・パブロフが執筆し、一九九八年に出版されたものである（邦訳　大月書店発行）。

物語は原文一一ページと短い。主人公は普通の市民「俺」。登場人物は友人のシャルリーだけ。ある日、友人から飼い犬を安楽死させたと知らされる。理由は、政府が、毛が茶色以外の犬や猫はペットにできないという法律を作ったから。その後も日常に小さな変化が起きる。このペット制限を批判した新聞が廃刊させられる。その系列出版社の本も消えていく。しかし、政府公認の「茶色新報」と競馬ニュース、スポーツニュースは、まだましだからと読み続ける。日常生活に不自由はないと思っていた矢先、友人をはじめ多くの人たちが逮捕され始める。過去に茶色以外の動物を飼っていたことを犯罪とみなす法律「国家反逆罪」ができたからである。人びとは「茶色の朝」を感じ始める。主人公にも危機が迫る…。

この短い寓話がフランス国内で大きな役割を演じた。二〇〇二年四月、フランス大統領選挙の第一回投票で極右政党「国民戦線」のルペン党首が高い支持を得たことから、市民は不安に思い、「茶色の朝」の警告を読み取る。この小さな本が大きな影響を与えた。人びとはこの本の警告を受け止め、選挙行動で意志を表明した。決戦投票にはシラク大統領が当選。ファシズムの台頭を許さなかった。

この書物は現代の寓話と呼ばれているが、現代の黙示録と言えるのではないか。黙示文学は、時代が困難な事態を迎えた時に発展したものである。

邦訳に「やり過ごさないこと、考え続けること」と題してメッセージを寄せている高橋哲哉氏は「日本もだいぶ茶色になってきている。… 現代日本の状況を見るかぎり、近い将来、私たちが《茶色の朝》を迎えることにはならないと断言する自信は、残念ながらありません。」と解説。

現代日本の状況についての、作家・辺見庸氏の舌鋒は鋭い。「もうすでにファシズムかも」と毎日新聞の六段抜きのインタビュー記事。小泉純一郎をファシストとし、「あの凡庸なファシストは憲法前文を都合よく切り取り、自衛隊のイラク派兵の法的な根拠にした。人間の恥の極みだ」

関西労伝 45 年の集い（於 浪花教会）

「ファシスト安倍晋三は史上稀なウルトラ右翼、核武装の考えを《美しい国》で隠している」と厳しい。いまや私たちの国の状況もすでに《茶色の朝》を迎えているという判断に立って、辺見庸氏の決意表明に従いたいと思う。

「自分の内心の声に耳を澄まして、自分で承認できないことを静かにどこまでも拒むことが、いま必要だ。このことはごく当然の僕の権利であり、それを侵してくるような状況に対しては、最後まで抗（あらが）わざるをえない」（二〇〇六年一二月、辺見庸講演会）

（『労伝ニュース』一二五号、二〇〇七・三・二〇）

（元 西大和教会牧師）

平和のいのり　　高見 敏雄

主よ、あなたの心と霊を私たちに与え、私たちを、平和をもたらす器としてください。

50年の間、関西労伝を守り導いてくださいましたことを心から感謝致します。組織労働者の人々と共に、あるいは未組織労働者の人々と共に、暮らしと人権を守ることを願って歩んできました。今、専従者は釜ヶ崎の日雇い労働に従事する人々と共に、あるいは路上生活を余儀なくさせられている人々と共に歩んでおります。これらの人々の暮らしと人権を守りつつ、人を人としての思いを熱くして歩んでおります。魂の休息を求める日雇い労働者の悩みや苦しみの言葉を聴きながら、時には慰めの言葉、励ましの言葉を語っております。また路上生活を余儀なくされている労働者の憩いの場所としてのブルーテントを景観が悪いと強制撤去したり、住民登録が１ヵ所に集中していると一方的に登録抹消する大阪市に対し多くの支援者と共に抗議しながら労働者に優しい行政をと、訴えております。

自民党政権はアメリカに強要されて日本を再び戦争の出来る国に仕上げようと着々と手を打っております。私たちは平和を守る憲法９条を、思想、信仰を守る19条、20条を、労働者の暮らしと人権の25条を守り抜きたいと考え、行動しております。私たちの志と行動を守り導いてください。

平和の主イエス・キリストの御名によっていのります。

アーメン

（「労伝ニュース」126 号、2007 年 6 月）

あとがき――わたしたちより先に

「たった一人のいのちを大切にする。これが関西労伝の精神です」。ある日の委員会において高見敏雄先生から聞いたこの言葉を、忘れることは一生ないでしょう。私にとってそれは、まさに「目から鱗」の言葉でした。そしてそれはまた、それまで長く見えなかったイエスの福音が、私の心に落ちた瞬間でもあったのです。

かつてマルコが「神の子イエス・キリストの福音のはじめ」と書いたとき、おそらく「福音」というものは、からだを伴ったものとなりました。パウロが語らなかった（あるいは、語り切れなかった?）「十字架と復活のイエス・キリスト」のからだを伴った歩みそのものが、「福音」とされたのです。だから私たちは、「たった一人のいのち」を大切にし、これを「救う」ためにイエスが生きたことをいま知るのです。

そして関西労伝は、本書において語られたとおり、六〇年の長きにわたってこのイエスに従って歩んできました。「わたしのこの行動は、イエス・キリストに従う信仰によるものです」。四・五釜ヶ崎大弾圧裁判の席で、凛として語った大谷隆夫さんの言葉は、まさにその関西労伝六〇年の歩みの集約でもあります。

なぜ、教会の語る言葉が教会の中でしか通じないのか。それは教会が世界を、人を、そして現実を見ていないからではないか。

誰にでも通じる言葉で「福音」を語る、これが現代における宣教の大きな課題のひとつであるのは自明のことです。だからこそ教会は、いま関西労伝の語る「福音」に耳を傾けるべきなのです。「いつも直面する現実への具体的な応答」として、「どこに立ち、聴き、行動」するのか。イエスの福音が問いかける課題を担い、歩み続けた関西労伝の言葉を聴き、先立つ者に従う私たちでありたいのです。

「あの方は、あなたがたより先にガリラヤへ行かれる。」(マルコ一六：七)

佐藤　成美
関西労伝共同代表
甲子園教会牧師

今回の出版にあたり、資料提供をはじめ資金協力くださるなど、多くの方々からご支援をいただきました。ここにお名前を記してお礼・感謝の意とさせていただきます。

（編集委員会）

洛陽教会　関西学院教会　扇町教会　希望ヶ丘教会　長崎銀屋町教会

荒川純太郎　岩橋光江　浅野直人　武山明人　武山泰子　河田隆史

飛田雄一　渡口差知子　柿薗欣子　今井牧夫　宇野　稔　荒木眞弓

黒田いづみ　原　誠　北村慈郎　近藤健吾　向井希夫　吉田　力

横山　潤　横山正代　水島祥子　小糸健介　福田好嗣　岡田あや

横野朝彦　杉田尚子　白井朝子　田村喜代三　青木恵美子　下村明久

森田喜之　加納和寛　高谷のぞみ　勢喜　光　大川　清　三好照子

上地　武　林　宏子　福井洋子　永江結子　三浦治郎　桜井　希

小笠原純　金井千施子　前島宗甫　土井健司　山岸　仁　西嶋佳弘

星谷召子　大杉利幸　福万広信　鈴木　祈　齋藤　開

（順不同、敬称略、二〇一七年二月末現在）

このほか匿名希望二七人の方々にもお礼を申しあげます。

関西労働者伝道委員会

真下　潤（共同代表）　佐藤成美（同）　尾島信之（同）
大谷隆夫（専任者）　山口　恒（会計）
浅野献一　一木千鶴子　岡本拓也　大川　祈
川江友二　小林　明　小柳伸顕　高見敏雄
田中義信　永江良一　廣瀬規代志　堀　剛
宮島星子　村山盛忠　安田和人　山田真理
横山順一

関西労働者伝道委員会　略年表

一九五〇年
・日本基督教団は伝道目標に「社会大衆への福音の浸透」を掲げ、綜合伝道委員会を設置。

一九五一年
・教団は勤労大衆への伝道を課題に初の職域伝道協議会を開催する。のちに職域伝道委員会を設置（委員長・棟方　功）。

一九五五年
・教団大阪教区青年部は若手牧師が中心となって労働伝道研究会（委員長・三井　久）を立ち上げる。職域伝道専門宣教師ヘンリー・ジョーンズの助言もあり、労働者の要求にこたえる牧師の養成を目標に定める。

一九五六年
・関西労働者伝道委員会が正式に誕生。労働者伝道後援会（一月九日、於・教団浪花教会、出席者四〇名）の結成に伴って、日本基督教団兵庫、大阪、京都三教区の職域伝道委員会及び同志社大、関西学院大両神学部、聖和女子短期大学を母体とし、「教会と労働者の課題を結ぶ」

運動としてスタート。

・二月、後援会趣意書を各教会に送付、のちに『労伝後援会ニュース』を定期的に発行。

・五月、実習生（インターン）五名（同志社大、関西学院大）を迎え、活動開始。

委員長：荒谷健市、副委員長：三井　久

インターン：同志社／平田　哲（四貫島職伝センター）、金井愛明（島津製作所）、

矢島信一（国鉄福音同志会）、越智常雄（音楽伝道）

関　学／大上　弘（神戸海員組合）

一九五七年

・後援会報告会開催（於・大阪クリスチャンセンター）。労働者伝道の専任者誕生。

専任者：平田　哲（全労）、金井愛明（総評）、後藤眞貴子（大阪繊維同盟）

インターン：同志社／橋本左内（国鉄福音同志会）、村山盛忠（島津製作所）、

高見敏雄（日立造船・住友金属）

関　学／大上　弘（継続）

一九五八年

・労働者の教会（「家の教会」）として三津屋伝道所を大阪・東淀川に設置。平田、金井両牧師が住み込む。

一九五九年

・『労働者伝道の使命草案』策定。「労働者伝道は今日の産業社会に働く人の、キリストにある人間性の回復が目的であり、その中心は正義と愛にある」と謳う。以来、初代の専任者（平田、金井）を軸に、協力牧師、指導教師（関西学院大・藤井孝夫、同志社大・竹中正夫）らによって労伝牧師の養成、労働者教会の形成をめざす。

専任者：平田　哲（全労）、金井愛明（総評）、八代美智子（大阪海員組合）

インターン：同志社／正木義道（国鉄福音同志会）

関　学／太田義弘（大阪海員組合）

一九六〇年

・職域伝道委員会から「労伝は間接伝道であって、直接伝道ではない」との批判を受ける。

・大阪教区宣教師ロバート・マイヤーが関西労伝専任宣教師となる。

委員長：村山盛敦、副委員長：三井　久

専任者：平田　哲（全労）、金井愛明（総評）

インターン：同志社／小柳伸顕（全文協）、森安弘之（国鉄、大教組）、志茂望信（京都西陣）、石田のぞみ（大阪海員組合）

関　学／太田義弘（継続）、鈴木昭吾（神戸ゴム）

一九六一年

・三津屋伝道所が神崎川へ移転する。

インターン：同志社／志茂望信（京都西陣）、栗原昭正（全労）、阪田吾郎（京都西陣）

関　学／鈴木昭吾（神戸ゴム）、上谷二夫（国鉄福音同志会）

聖和女子短大／大黒昌子（大阪海員組合）

一九六二年

・労働者伝道一泊研修会開催（於・クリスチャンアカデミー）。

・西陣労働センターが竣工。

委員長：長坂羊一、副委員長：三井　久

専任者：平田　哲、金井愛明、志茂望信

インターン：同志社／犬養光博（全労）、府上征三（全織同盟）、真下紘行（京都西陣）、

八代美智子（大阪海員組合）

関　学／高崎裕士（播但地区）、金田弘司（堺コンビナート）

一九六三年

・平田　哲、産業伝道チームに加わり、インドへ。

専任者：平田　哲、金井愛明、志茂望信、阪田吾郎

インターン：同志社／中村允孝（全労）、笹田一成（京都西陣）、八代美智子（大阪海

員組合）
関　学／金田弘司（堺コンビナート）

一九六四年

・村山盛忠、コプト福音教会産業伝道協力宣教師としてエジプトに派遣される。
インターン：同志社／関岡一成（堺コンビナート）、近藤善彦（全労）

一九六五年

・関西労働者教育委員会が関西労伝を中心に発足（委員長・松井七郎）。
委員長：石田正弘
インターン：同志社／山本敏明（看護師問題）、柴田作治郎（堺コンビナート）、
大津健一（同盟）
関　学／荒川純太郎（同盟、大阪東淀川地区）

一九六七年

・三好委員長、労働者伝道年度報告会で「曲がり角にきた労伝」と題する一文を寄せる。
・大阪キリスト教勤労者協議会（キ労協）発足。
・金井愛明、釜ヶ崎をベースに活動開始。
委員長：三好　博

一九六八年
・三好 博、平田 哲、金井愛明、小柳伸顕の四委員が「産業社会と教会」をテーマに『福音と世界』に交替で論文を一年間連載。
・労働者牧師の任命請願を第一五回教団総会へ提出。
委員長：三好 博、運営委員長：三井 久
専任者：小柳伸顕（釜ヶ崎あいりん小中学校ケースワーカー）
一九七〇年
・金井愛明、釜ヶ崎に「いこいの家」を立ち上げる。
一九七二年
・第一回日韓URM会議が韓国ソウルで開催される。
・関西キリスト教都市産業問題協議会（KUIM）が結成され、平田 哲が代表に就任。
一九七四年
・村山盛忠、『コプト社会に暮らす』（岩波新書）を刊行。
一九七五年
・小柳伸顕、関西労伝専任者に就任（〜一九九二年）。
・アジア問題懇談会（呼びかけ／塩沢美代子、小柳伸顕）が神戸学生青年センターで開かれる。
・東南アジア諸国の労働問題に関する資料収集など、アジアの労働問題との連帯が中心課題となる。
・いこいの家、水曜夜回りの活動を始める。

一九七六年

・「労伝牧師の件」が教団信仰職制委員会で取り上げられる。
・三好　博、ＫＣＩＡに逮捕された金哲顕（同志社神学部卒）の救出支援に取り組む。
・労伝の英文パンフレットが完成。
　インターン：同志社／小鮒　実（京都西陣）
　　関　学／西井　潔（ＫＣＣ）

一九七七年

・募金活動強化のために、「労伝後援会便り」を継続的に発行。
・平田　哲、日本クリスチャン・アカデミー関西セミナーハウスへ移る。
　インターン：井上勇一（釜ヶ崎いこい食堂）

一九七八年

・竹中正夫編『働く人間像を求めて—関西労伝ノート・その二〇年』（新教出版社）刊行。
・村山盛忠、「関西パレスチナ人民に連帯する会」を結成、代表に選出される。
　委員長：三好　博
　インターン：関　学／東　栄（釜ヶ崎）

一九七九年

インターン：同志社／井石　彰（釜ヶ崎）

関　学／浦上結慈

一九八〇年

インターン：同志社／西岡昌一郎（ＫＣＣ）

聖　和／土井美保子（釜ヶ崎、短期）

一九八一年

インターン：同志社／明石義信（京都西陣）

一九八二年

・西陣綜合児童館が竣工、大津健一が館長に就任。

インターン：同志社／大竹義人（生野）

聖　和／中村美貴子（大阪聖和社会館）

一九八三年

・アジア女子労働者交流センター結成、塩沢美代子が所長に。

インターン：関　学／横山　潤（在日大韓西成教会子ども会）

ルーテル神大／鍬本文子（聖和社会館）

一九八四年

　　インターン：同志社／佐藤誠司（聖和社会館）

一九八五年

・労伝集会が初めて札幌で開かれる。

　　インターン：関　学／大谷隆夫（釜ヶ崎）

一九八六年

・第一回京都越冬闘争が組織される（代表・平田　義）

　　インターン：関　学／斉藤成二（釜ヶ崎）

一九八七年

・大谷隆夫、越冬期間中に道交法違反として逮捕される。のち釈放され、起訴猶予処分に。

・三好　博、指紋押捺拒否で逮捕された金徳煥（大阪聖和教会）裁判を支援。

一九八八年

・平田　哲、家の教会の記録『あすをひらく家の教会』を出版（キリスト新聞社）。

一九九〇年

・小柳伸顕、一二・二釜ヶ崎暴動の救援活動に取り組む。

一九九一年

・村山盛忠、湾岸戦争後のヨルダンとイスラエル占領下パレスチナを訪ねる。「アハリーアラブ病院を支援する会」の共同代表に。

一九九二年

・大谷隆夫、関西労伝専任者に就任。

・労伝委員会は専任者の活動を支えるとともに、インターンの養成に努めることを申し合わせる。

一九九四年

・七月開催の教団常議員会は労伝牧師を「教務教師」に認める。

二〇〇〇年

・「国境なき医師団日本」が釜ヶ崎医療連を支援する。

二〇〇二年

・釜ヶ崎日雇い労働者・佐藤邦男さん生活保護裁判が開始され、全面支援。

二〇〇三年

・釜ヶ崎医療連、NPO法人としての新たな活動を開始（代表理事・大谷隆夫）。

共同代表：高見敏雄、村山盛忠、小柳伸顕

二〇〇四年

・大谷隆夫、「西成署による暴力事件と不当逮捕に取り組む会」に関わる。

二〇〇五年

・「関西労働者伝道委員会への大阪教区からの支援に関する件」が第五〇回大阪教区総会で議案として諮られ、可決（提案・高見敏雄）。

二〇〇六年

・関西労伝が組織されて、五〇年目を迎える。

二〇〇七年

・住民票削除、長居公園強制排除に抗議した五人が逮捕される。反弾圧九・二七救援会の活動に取り組む。

二〇〇八年

・インターン制再開。

インターン：同志社／船橋美和子（釜ヶ崎いこいの家、医療連）

二〇〇九年

インターン：同志社／御館博光（釜ヶ崎医療連）

二〇一〇年

共同代表：佐藤成美、真下　潤、横山順一

二〇一一年

・大谷隆夫、四・五釜ヶ崎大弾圧により令状逮捕される（一一一日間勾留）。日本基督教団は石橋秀雄総会議長名で抗議、大阪教区は総会で抗議声明を決議。

•「尊厳を回復する」と題する獄中書簡が『福音と世界』に掲載される(九月号)。

二〇一二年

•大阪教区総会、大谷隆夫ほか三人に対する大阪地裁不当判決に抗議し、「この裁判を教区として支援し続ける件」を可決。
　インターン:同志社/桝田翔希(釜ヶ崎医療連)

二〇一三年

•大阪教区総会、「大谷隆夫教師の裁判を支援し、不当逮捕、不当判決をはじめとする人権弾圧に対する取り組みを教区の課題とする件」を可決。
　共同代表:佐藤成美、真下　潤、横山順一、尾島信之
　インターン:同志社/大川　祈(〜二〇一五年、釜ヶ崎医療連、こどもの里)

二〇一四年

•「四・五裁判」、最高裁上告を棄却。

•大阪教区総会は、「住民票を剥奪された大阪市民の選挙権を回復する働きを支え、これを教区の課題とする件」を採択。

•沖縄研修(二泊三日)を企画し、辺野古、高江の現場を訪ねる。

二〇一五年

・野宿状態にある人の選挙権回復の課題を担う「釜ヶ崎公民権運動」に継続して取り組む。
・労働者の医療・福祉に関する相談活動、越冬期（一二～二月）の支援活動に、釜ヶ崎キリスト教協友会や医療連などと協力して取り組む。
・梅田・野宿者襲撃殺害事件報告書編集に参加。
・『関西労伝六〇年史』編纂を決定、真下共同代表を委員長とする編集委員会を組織する。

二〇一六年

・「誰をも排除しない社会の実現」をめざし、釜ヶ崎の課題（就労と生活保障）を引き続き宣教の課題として担っていくことを、年度報告集会で確認。
・大川 祈、「いま、関西労伝六〇年からみえてくる道」―ともに怒り、共に喜ぶ―と題するレポートを『福音と世界』（一〇月号）に寄稿。
・ＳＣＭ釜ヶ崎現場研修（第三八回）、釜ヶ崎越冬闘争（第四六回）を共同実施。

この略年表は、大川　祈さん（同志社大学神学部）の卒業論文『労働者と共にある宣教―関西労働者伝道委員会五八年の挑戦』（二〇一五年）収録の年表をもとに、編集部で作成したものです。

イエスが渡すあなたへのバトン　―関西労伝60年の歩み―

2017年4月30日　発行

編　者　関西労働者伝道委員会

発行者　松山　献

発行所　合同会社 かんよう出版

〒550-0002 大阪市西区江戸堀2-1-1　江戸堀センタービル9階
電話 06-6225-1117　FAX 06-6225-1118
http://kanyoushuppan.com　info@kanyoushuppan.com

印刷・製本　有限会社 オフィス泰

ISBN978-4-906902-83-5　C0016　Printed in Japan